3인 가족
재테크 수업

부부와 외동아이, 돈에서 자유로워지는

3인 가족 재테크 수업

이천 지음

세이지

프롤로그

지금부터 시작하면 시간이 도와줍니다

23년 동안 재무상담을 해오다 보면 아무래도 라이프사이클 변화에 민감할 수밖에 없습니다. 언론이나 SNS를 통해 간접적으로 경험하는 것이 아니라 상담을 받으러 찾아온 내담자들을 통해 직접적으로 변화를 체감하곤 합니다.

2010년 이전만 하더라도 상담을 받으러 찾아오는 젊은 부부가 자녀를 낳지 않겠다고 말하는 경우는 별로 없었습니다다. 정말 가뭄에 콩 나듯 한두 부부만 있었을 뿐입니다다. 그때는 결혼생활을 먼저 경험한 선배로서 자녀가 없음으로 생기는 문제점들을 나열하며 다시 한번 진지하게 생각해보라는 주제넘은 조언을 했습니다. 지금 생각하면 부부가 심사숙고해서 내린 결정인데 상담자 입장이라고, 나이가 조금 더 많다고 하지 말아야 할 이야기를 했다는 자책이 듭니다.

그 이후로 무자녀를 결심한 부부들을 점차 자주 보게 됐습니다. 불과 몇 년 사이에 자녀계획이 없는 부부가 늘어난 것입니다. 그 이유는 다들 짐작하는 대로 경제적인 이유가 가장 컸습니다. 또한 일과 양육을 병행할 수 없다는 두려움 때문이었는데, 특히 양가 부모님이 자신들의 자녀를 돌봐줄 여력이 없는 경우 2세를 포기하는 경우가 많았습니다.

이렇듯 3인 가족으로 가는 길에는 용기가 필요했습니다. 여성이 특히 그렇습니다. 3인 가족은 대체로 맞벌이 부부가 많습니다. 일을 좋아하고 커리어를 탄탄히 쌓다가 출산으로 인한 경력단절을 원치 않는 여성에게는 3인 가족을 선택하는 것이 인생을 건 모험입니다. 지난봄에 상담했던 30대 중반의 여성이 그런 케이스였습니다.

상담자는 대학을 졸업하고 유학을 다녀와 뷰티업계 회사에 다니다가 최근 독립해 프리랜서 강사의 길을 걷고 있었습니다. 프리랜서 강사는 아무리 준비를 잘해도 최소 2~3년간은 고전을 면치 못합니다. 미래를 위해 씨를 뿌리는 시간이 필요하기 때문입니다. 상담을 받으러 왔을 때 33세였던 그녀는 아이를 고대하는 어른들로부터 출산 독촉을 받아왔다고 합니다.

한참 자신의 미래를 위해 물불 가리지 않고 뛰어야 할 시기에 부부가 원해서가 아니라 어른들의 기대를 충족시키기 위해 출산을 결정하는 것이 못마땅하기는 했지만 그래도 어른들의 기대를 저버리지 못해 아이를 갖기로 했습니다. 딱 한 명만 낳기로 하고 남편과 노력을 기울였지만 스트레스 때문인지 아이가 잘 생기지 않아 난임시술을 받아 마침내 건강한 아이를 낳았습니다. 3인 가족이 된 것입니다. 지금은 시부모님에게 가끔 아이를 맡기고 열심히 일하고 있지만 임신준비 기간과 출산으로 인한 공백기를 메우기 위해 고군분투하고 있습니다.

얼마 전까지 당연했던 3인 가족, 4인 가족으로 가는 길이 이제는 당연한 일이 아니라 큰 용기와 결심이 필요한 시대가 됐습니다. 오죽하면 엄마들이 이렇게 힘들 줄 알았으면 아이를 낳지 않았을 거라고 씁쓸하게 말하겠습니까. 그런 큰 용기와 대단한 결심으로 3인 가족이 되었기에 2인 가족일 때보다 재정적으로나 정서적으로 보다 안정적인 상황을 만들어줄 목표를 세워 실현해야 합니다.

《한국민족문화대백과》에서 말하는 '가구(家口)'란 "1인 단독 또는 2인 이상이 공동으로 취사, 취침 등을 하며 생계를 영위하는 생활단위"를 말합니다. 3인 가족의 형태는 다양하지만, 이 책에서 이야기하는 3인 가족은 엄마와 아빠, 그리고 어린 자녀 이렇게 세 명으로 구성된 가족관계를 말합니다. 자녀 출산을 계획하는 결혼한 부부도 이 책의 주요 독자가 될 것입니다. 조금만 더 범위를 넓혀보면 어린 자녀 둘이 있는 4인 가족에게도 도움이 될 내용을 담았습니다.

이 책을 쓸 때 가장 많은 도움과 영감을 준 것은 내담자들과의 재무설계 상담 경험입니다. 현대인이라면 성인이 되어 죽을 때까지 반드시 겪는 재무적인 사건들이 있습니다. 결혼이나 출산, 육아와 자녀교육, 내집마련, 노후준비 같은 것들입니다. 이런 과정에서 2인 가족과 3인 가족은 재무목표와 우선순위가 다릅니다.

2인 가족의 재무설계에는 아이에 관한 내용이 없지만 3인 가족은 출산 계획부터 양육, 그리고 자녀교육까지 포함하기 때문에 재무설계의 내용이 한층 더 복잡해집니다. 출산 계획 때부터 방향을 잘 정해 실천하지 않으면 모든 노력이 빈 독에 물 붓기가 되기도 합니다. 초반에 잘 넘어가더라도 부지불식간에 늪에 빠져 빠져나오지 못하거나 기력을 상실해 앞으로 더 전진하지 못할 수도 있습니다. 3인 가족은 2인 가족일 때보다 더 철저하게 계획을 세워 실천해야 합니다.

돈 관리 잘하는 부부들이 재무상담을 받는 이유

몇 년 전부터 재무상담을 신청하는 사람들의 양상이 조금씩 달라지기 시작했습니다. 2009년 《내 통장 사용설명서》를 출간했을 때는 내담자 연령층이 20대 후반~30대 초반의 결혼을 하지 않은 젊은 직장인들이 가장 많았고 50~60대 어르신이 일부 있었습니다. 지금은 결혼을 한 30~40대 부부들이 많아졌습니다. 사회 경제를 이끄는 밀레니얼세대(1980년대 초반~2000년대 초반생)가 재테크와 생활 전반에 관해 관심이 높아진 상태에서 나이를 먹고 결혼을 했기 때문이라고 생각합니다.

재무상담을 위해 나를 찾아오는 부부는 대체로 두 경우였습니다. 첫째는 재정적으로 어려움을 겪고 있는 부부입니다. 무리한 대출을 받아서 집을 사거나 생활비 계획 없이 가입한 보험, 여러 가지 투자 등으로 궁지에 몰려 찾아오는 것입니다. 이 경우는 오히려 상담이 대체로 명쾌합니다. 앞으로 필요한 돈을 현재 상황에 맞춰 조정하거나 때로는 고통을 감수하더라도 과감한 결단을 내리도록 조언해주면 되기 때문입니다. 때로는 무리한 대출을 받아 산 집을 팔고 작은 집으로 이사를 가야 할 때도 있었습니다. 빚을 갚기 위해 차 같은 자산을 처분하도록 조언해야 할 때도 있습니다. 또 주렁주렁 가입한 보험들을 간결하게 정리하기도 합니다.

이 부부들이 나를 찾은 이유는 과감한 결단과 쓴소리를 듣기 위한 경우가 많았습니다. 결정 장애로 결심이 서지 않아서, 굳이 집을 팔지 않아도 해결할 방법이 있지 않나 머뭇거려서였습니다. 대부분 살아온 관성 때문에 과감한 결단을 내리기 어렵습니다. 그럴 때 나를 찾아오는 경우가 많습니다.

둘째 경우는 돈 관리에 관한 의식 수준이 높은 부부입니다. 이미 본인 수준에서 돈을 아끼고 절약할 방법들을 모색하며 산 부부이며, 재테크 책이나 강의를 들으며 많이 익히고 스스로 자산관리를 알뜰히 해온 경우입니다. 전문가의 조언을 들으러 일부러 찾아오기가 쉽지 않은데도 미리 수입과 지출내역은 물론 자산과 부채 현황까지, 질문거리까지 꼼꼼히 잘 챙겨옵니다.

성실하게 돈 벌고, 가계부도 잘 쓰고 돈 관리를 평균 이상으로 잘하고, 아끼며 생활하는 이들은 왜 나를 찾아올까요? 좋은 보험, 연금의 장단점 등도 잘 알고 1년의 재무관리를 보통사람 이상으로 잘하고 있는데도 말입니다.

이들이 궁극적으로 고민하는 지점은 철학적인 부분이었습니다. 장기적으로 잘살 수 있는 방법, 현명하게 사는 법, 아이와 앞으로 살아가는 데 경제적인 조언을 듣기 위해서였습니다. 또 어떤 시점에 돈을 모아야 하고, 어떤 때 돈이 필요하며 어떤 목표로 돈을 관리해야 하는지 거시적인 자금흐름에 대비하기 위함이었습니다.

저 역시 고민이 깊어졌습니다. 재무상담 수준이 단순히 돈을 여기저기로 분산시키는 차원을 넘어섰기 때문입니다. 자녀를 키우며 인생의 긴 흐름에서 적재적소에 필요한 돈을 마련하고, 어느 정도까지 준비해야 하는지, 그 안에서 삶의 즐거움은 어떻게 누릴 것인지 여러 차례의 상담을 통해 생각을 정리하기 시작했습니다.

《내 통장 사용설명서》를 읽으시고 정말 많은 분들이 사무실로 상담을 받으러 오셨습니다. 그분들이 이구동성으로 하시는 말씀은 책 내용이 도움이 되고 유익했는데 직접 적용하는 부분이 쉽지 않아 저를 찾아오셨다고 합니다. 이 책을 쓰면서 그런 문제점을 조금이나마 줄이기 위해 책만 읽어도 바로 적용할 수 있도록 많은 신경을 썼습니다. 그럼에도 개개인 사정에 따라 맞춤 조언이 필요하신 분이라면 이 책의 독자분들에게만 제공되는 저자 무료 상담 쿠폰을 활용하여 저를 찾아오셔도 좋습니다.

'3인 가족'에만 초점을 맞춘 재테크 책은 이 책이 처음입니다.

그만큼 시장이 협소해지는 위험을 감수하면서도 저와 출판사가 의기투합해 3인 가족에게만 초점을 맞출 용기를 낸 것은 3인 가족이 이 책 한 권의 모든 내용을 알차게 활용하실 거라는 믿음이 있기 때문입니다.

이 책은 지난 23년 동안 저와 상담으로 인연을 맺은 모든 분들 덕분에 태어날 수 있었습니다. 책의 중간 중간에 사례들은 가공한 이야기가 아닙니다. 모두 제가 상담한 이야기를 담았습니다. 이 자리를 빌려 상담이나 강의를 통해 저와 인연을 맺어온 모든 분들께 감사드립니다. 또 10년 전 웅진윙스에서 《내 통장 사용설명서》를 만든 인연으로 지금까지 함께 작업해오며 이 책의 기획부터 출간까지 세심하게 노력을 기울여주신 출판사 세이지의 이한나 대표님께도 감사드립니다.

청파동에서

이천

차례

1부

재무 진단

외동아이를 키우면서 부모들이 빠지는 함정들

기하학에서 삼각형은 기본도형이라고 불린다. 점, 선을 거쳐 가장 적은 점과 선으로 만들 수 있는 최초의 도형이기 때문이다. 가족의 형태에서도 부부와 미성년의 자녀로 구성된 3인의 핵가족을 가장 기초적인 가족으로 본다. 남녀 두 사람만으로 가구를 형성할 수 있고 이들의 삶도 존중받아야 하지만 이는 학문적으로나 사회적으로 가족의 형태로 보지 않고 '과도기적 일세대가족'이라고 칭한다고 한다(《문화인류학》). 통념상 부부가 결혼을 하고 자녀를 낳았을 때 비로소 진정한 가족이 되었다고 말한다. 유럽에서도 두 남녀(보편적으로)가 결혼을 하거나 함께 산다고 해서 가족이라고 부르지 않는다. 결혼을 하지 않은 경우도 많고, 이혼 등으로 헤어지는 경우도 많아 커플이라고 부르며, 아이를 낳아야 비로소 가족(family)이라는 이름이 주어진다고 한다. 가계의 계승과 연속성 차원에서 둘의 결합만으로 진정한 가족이라고 보기는 어렵기 때문이다. 2인 가족은 부부의 사망이나 이혼으로 가족이 존속되지 않고 해체될 불안정성을 안고 있다.

요즘은 아이 없이 사는 부부가 늘고 있긴 하지만 여전히 많은 부부가 결혼을 하면 아이를 낳는다. 또한 예전에는 외동아이가 흔한 편은 아니었지만 지금은 많은 부부가 한 명의 아이만을 낳아 키운다. 이렇게 가장 작은 단위의 가족 형태인 부부와 미성년 자녀의 3인 가족이 급격히 늘었고 이와 관련한 재무상담 요청도 많아졌다.

3인 가족의 경우 구성원 간의 의존성이 강하다. 그리고 위기에 직면했을 때 대가족이나 확대가족과는 달리 다른 가구 구성원으로부터 도움을 받기 어렵다. 그래서 이 단출한 3인 가족이 견고하고 영속적인 행복을 이어나갈 수 있도록 전문가를 통한 재무관리 요청이 늘고 있는 추세다.

수입이 많아도 왜 빠듯할까

부부들의 본격적인 고민은 아이를 낳고 시작된다. 아이를 낳고 나면 그동안 전전긍긍하며 한푼 두푼 모았던 돈을 우습게, 물 쓰듯 쓰게 된다. 돈을 모으는 목적과 돈을 쓰는 방향의 축이 달라진다. 차가 없었다면 차를 사야 하고, 또 작은 차에서 큰 차로 바꾸기도 해야 한다. 작은 전셋집에서 평수를 넓혀야 하는 이유가 생기고, 빌라였다면 아파트로, 아파트였어도 아이 키우기 좋은 동네, 학군이 괜찮은 지역으로 이사를 고민해야 했다.

3인 가족과 상담을 반복하면서, 특히 맞벌이 3인 가족이 4인 가족이나 5인 가족과 비교할 때 빠지기 쉬운 함정, 특히 경계해야 할 핵심 내용이 반복적으로 보이기 시작했고 어느 순간 확고해졌다.

오랜 기간 상담을 했던 3인 가족 중 자녀가 비교적 고학년이었던 부부와의 상담에서 그 내용이 보다 확실해졌다. 중학교 2학년 아들을 키우고 있는 아내는 대기업 마케팅팀에서 일하고 있었다. 그녀는 아이를 낳은 후 3개월 만에 바로 복직했다. 아이가 어릴 때는 전일제 보육 도우미가 아이를 돌봐 비용이 많이 들었지만 점점 아이가 크고 어린이집에 다니게 되자 비용 부담이 줄어들었다.

부부의 월급도 해마다 올라 시간이 흐를수록 경제적으로 윤택해졌다. 그러자 아이 교육에 관심이 높아졌다. 유치원은 당연히 영어유치원에 보냈고 어차피 부부 중에 한 사람이 퇴근할 때까지 아이를 어딘가에는 맡겨야 했기 때문에 초등학교에 입학하기 전부터 사고력 수업, 글쓰기, 토론 수업을 시켰다. 사립초등학교를 졸업한 아이가 중2가 된 지금은 특목고 진학률이 높다고 소문난 대치동 학원에 보내고 있다.

그런데 문제가 생겼다. 회사 임원을 목표로 회사를 다니던 아내가 회사의 사업 축소와 승진 누락 등으로 더 이상 회사를 다니지 못하는 상황이 된 것이다. 외벌이 가구가 되었다. 남편의 수입이 높은 편이었지만 생활비와 사교육비로 지출이 커진 상태라 감당하기 힘들었다. 아이도 공부를 곧잘 하는 편이라 지원을 안 해줄 수 없었다. 게다가 학군 좋은 지역에 마련한 아파트의 대출도 아직 많이 남은 상태여서 그야말로 진퇴양난에 빠져 있었다.

그동안도 아이 학원비에 대한 지출이나 다른 씀씀이가 커져 두 사람 연봉이 적지 않았음에도 불구하고 저축을 많이 하지 못한 상태였다. 명문대 진학을 목표로 고비용 사교육 코스에 올라탄 상황에서 중간에 방향을 바꾸기는 쉽지 않았다. 당분간은 남편의 월급과 모아온 저축을 깨서 아들의 학비와 학원비를 감당할 수 있겠지만 앞으로 아이에게 들어갈 교육비 마련도 걱정스

럽고 부부의 노후준비가 부실한 것도 문제였다. 교육은 중단할 수 없고, 남편 외벌이로는 대출원리금 상환도 해나가기에 바쁘고, 지금까지 키워온 지출도 줄이기가 어려워 답답한 마음에 결혼 전 재무상담을 받은 기억을 더듬어 나를 다시 찾아온 것이다.

아이가 하나라 더 무리한다

3인 가족은 아이가 하나니까 자녀 둘을 교육시키는 것보다 부담도 덜할 것이라 생각하겠지만 오히려 아이가 한 명이니 제대로 교육을 잘 시켜보자는 욕구가 커진다. 그래서 남들이 좋다고 하는 것이나 친구가 받고 있다는 교육은 다 시켜본다.

친구는 비싼 전집을 사고 집으로 선생님이 오시는데 우리 아이는 그냥 시간만 때우는 것 같아 불안하다. 0세 문화센터부터 시작한 사교육을 하나둘씩 늘리다 보면 브레이크가 잘 안 걸린다. 이럴 때 경제적으로 예상치 못한 위험이 발생한다면? 모든 계획이 차질을 빚게 되고 결국 자녀의 미래 학비 마련과 아파트 대출금 상환, 부부의 노후생활비까지 걱정해야 하는 안타까운 상황이 벌어진다.

부모가 자녀에게 해줄 수 있는 가장 중요하고 현실적인 지원은 무엇일까? 생각해보자. 남부럽지 않은 폭넓은 세상 경험? 아이가 결혼할 때 집 한 채 마련해주기? 어떻게 해서든 명문대 입학시켜주기? 월세가 나오는 든든한 건물? 재능을 일찍 발견해 키워주는 것? 해주면 좋은 것들이지만 대부분의 사람이 실현하기는 불가능한 일이다. 그리고 부모의 삶도 힘들어질 가능성이 매우 높다. 그렇지만 대부분 부모들이 이 허상을 자녀에게 선물해주고자 많은 시간과 돈을 들인다.

하지만 이것 하나만 미리 준비하면 아이의 자립과 성인으로서 행복한 삶이 어느 정도는 가능해진다. 바로 대학학자금이다. 자녀가 대학에 가서 학자금대출을 받지 않고, 아르바이트를 하지 않고도 대학을 졸업할 수 있게 미리 준비하는 것이다. 왜 대학학자금이 중요할까? 이 이야기는 2부에서 자세히 다루겠다.

자녀가 둘 이상인 내담자나 아이 학부모들과 이야기하다 보면 아이가 여럿일수록 자녀교육을 꼭 시킬 것만 시킨다. 첫째를 키우면서 시행착오를 경험했기 때문에 둘째나 셋째를 키울 때는 교육에 대한 취사선택이 더 철저한 것이다. 반면 3인 가족은 아이가 한 명이기에 일단 남들이 하는 것은 다 시키고 본다는 함정에 빠지기 쉽다. 특히 맞벌이 3인 가족의 경우, 아이와 함께 시간을 많이 보내주지 못하는 데 대한 보상심리로 뭐든 최고로 해줘야 한다는 강박관념을 갖는데 그에 따라 과잉지출이 이어진다.

상담이나 강의할 때 매번 하는 이야기지만 이 대목에서 다시 한번 강조하고 싶은 말이 있다.

"돈을 많이 번다고 많이 저축하는 것도 아니고 돈을 적게 번다고 저축을 적게 하는 것도 아니다. 꼭 써야 할 것은 쓰되 쓰지 않아도 되는 것은 절제하는 선택적 소비지출 습관이 저축의 양을 결정한다. 1,000만 원 벌어서 950만 원 쓰고 50만 원 저축하는 사람이나 150만 원 벌어서 100만 원 쓰고 50만 원 저축하는 사람이나 저축의 양은 같다. 많이 쓴다고 행복한 것도 아니다. 오히려 꾸준히 돈을 벌었는데도 저축을 많이 하지 못한 사람들이 자괴감을 느끼고 삶에 대한 만족감도 떨어진다. 현명한 소비지출 습관을 이기는 재테크 방법은 없다."

3인 가족은 4인, 5인 가족과 비교해 재정적으로 어려움이 덜해야 정상이다. 그러나 4인, 5인 가족보다 경제적으로 더 어려움에 처하는 경우를 보곤 한다. 3인 가족의 장단점을 잘 파악해 단점을 보완할 방법을 찾고 장점을 활용해 계획을 잘 세워 실천하면 정서적으로는 2인 가족보다 더, 재정적으로는 4인, 5인 가족보다 더 윤택하게 살 수 있다.

아이를 낳으면 가계 수입은 반드시 줄어든다

결혼 전 상담을 받았던 한 부부는 아이를 낳고 한동안 돈문제로 고통을 겪었다. 부부는 결혼할 때 갖고 있던 돈에 1억 5,000만 원의 전세대출을 받아 은평구에 있는 아파트에 보금자리를 마련했다. 대출이자는 맞벌이 수입으로 충분히 감당할 수 있는 수준이었고, 아이를 낳기 전까지 열심히 저축하면서 2년 뒤 전세 재계약 때까지 대출금을 많이 줄일 수 있을 것이라 예상했다.

그런데 당분간 계획에 없던 임신을 하게 되었다. 고된 출퇴근길과 잦은 야근에 힘에 부친 아내가 회사를 그만 두게 됐고 남편 혼자 벌게 되자 재정 문제가 고민으로 다가왔다. 맞벌이 수입일 때는 별로 부담스럽지 않았던 월 45만 원의 대출이자가 큰 부담이 되기 시작한 것이다.

그뿐 아니라 병원비와 출산 준비물 등으로 아이가 태어나기 전부터 돈이 많이 들어갔다. 대출금을 갚고자 저축하던 돈도 아이를 키우는 데 들어가서 1억 5,000만 원의 대출금도 별로 줄이지 못했다. 결국 신혼집을 마련할 때의 계획은 전세 재계약 시점인 2년 뒤에 실현되지 못했다. 이런 예상치 못한 재정적 어려움을 겪을 줄 알았다면 집의 평수를 다소 줄이고 출퇴근 시간이 조금 더 걸리더라도 대출을 가능한 적게 받아 집을 구할 걸 하고 부부는 후회했다.

예비부부나 신혼부부와 상담할 때면 반드시 결혼 후 삶을 너무 낙관적으로 생각하지 말라고 조언한다. 부부가 재무에 관한 의사결정을 할 때는 앞으로 예상되는 위험을 먼저 고려한 다음 그 위험을 감당할 수 있는 수준에서 결정해야 한다. 갓 결혼을 한 2인 가족은 거의 대부분 3인 가족이 된다. 3인 가족이 될 때 직면하는 가장 큰 문제는 가계소득의 감소다.

출산 후 휴직기간 중에 육아휴직급여를 받기는 하지만 휴직하기 전에 받던 수입보다 적을 수밖에 없다. 휴직기간이 길어지면 아내의 수입은 중단된다. 휴직 중에 둘째가 생기는 경우도 자주 봤고, 경우에 따라서는 보육 때문에 아이가 어느 정도 클 때까지 직장을 포기할 수도 있다.

결혼할 때 맞벌이 부부의 수입만 생각하고 대출금이나 월세 등의 지출을 결정했다면 출산과 육아 기간 동안 재정적으로 큰 압박을 받는다. 조금만 생각하면 당연하게 예측할 수 있는 위험인데 많은 2인 가족이 이런 위험을 감안하지 않고 무리하게 재무적인 의사결정을 했다가 어려움을 겪는다. 출산은 축복이지만 재정상으로는 리스크의 시작이다.

위 부부의 경우는 더욱 당혹스러울 수밖에 없다. 3년 뒤에 아이를 가질 계획이었는데 결혼하자마자 덜컥 아이가 생겼기 때문에 대응하기가 더욱 어려운 것이다. 2인 가족이 3인 가족으로 될 때 애초에 외벌이 부부는 재무적으로 큰 변화가 없지만, 맞벌이 수입을 기준으로 재무설계를 했던 맞벌이 부부는 이에 대한 대비를 철저히 하지 않으면 타격이 크다.

2인 가족으로 평생 살겠다는 결정을 하지 않는 한 3인 가족으로 가는 길에 가계 소득의 감소는 필연적이다. 모든 재무적인 결정은 맞벌이 수입이 아니라 외벌이 수입을 기준으로 하여 최대한 보수적으로 해야 하는 것이 1원칙이다. 경우에 따라서는 아이를 돌봐줄 사람이 없거나 아내 수입 대비 보육비 지출의 편익 때문에 아이가 어느 정도 성장할 때까지는 복직을 하지 못할 수도 있다. 육아휴직 후 복직한다고 해도 직장에서 1년을 버티지 못하고 다시 가정으로 돌아오는 경우도 비일비재하다는 사실을 명심해야 한다.

왜
돈 이야기만 나오면
싸우게 될까

재무상담을 하다 보면 부부가 다퉈 당황스러울 때가 종종 있다. 그나마 지금은 경험이 쌓여 이런 순간을 조율하고 지혜롭게 넘길 수 있지만 경험이 별로 없었을 때는 이 상담을 어떻게 마무리해야 하나 진땀을 흘려야 했다. 생전 처음 보는 사람 앞에서도 싸우는데 부부끼리만 있을 때는 얼마나 맹렬하게 싸울까 하는 걱정도 들었다.

서로 사랑하고 대화가 잘 통해서 결혼했다지만 많은 부부가 결혼 후 돈 문제를 다루는 데는 매우 서툴다. 대부분 이런 식이다. 처음에는 어느 부부나 가정 경제를 잘 꾸려 나가겠다는 마음으로 차분하게 대화를 시작한다. 하지만 한두 마디 나누다가 어느 한쪽에서 상대방의 감정을 건드리는 이야기가 나온다. 예를 들어 돈, 살림, 육아 문제가 나오면 그때부터 원망과 서운함이 생기고 거친 말을 주고받다가 결국 감정만 상한 채 이야기를 끝낸다. 이런 상황이 몇 번 반복되면 그 뒤로는 부부간의 재무 대화를 포기한다. 몇 마디 못 나누고 싸울 것이 뻔하기 때문에 아예 대화 자체를 피하는 것이다.

상담 경험이 별로 없었을 때는, 원래 부부 사이가 별로 좋지 않아서 싸운다고 생각했다. 하지만 상담 과정을 통해 많은 부부를 관찰해보니 사이가 좋지 않아서가 아니라 돈에 관한 대화를 나누는 스킬이 부족하고 상대방에 대한 배려가 부족하기 때문이라는 것을 알게 됐다.

돈은 정말 민감하고 상처받기 쉬운 이슈다. 대부분의 가정에서 돈이라는 자원은 늘 부족하다. 돈이 부족하다는 이야기가 나오는 순간 돈을 버는 사람은 돈을 많이 벌지 못하는 무능한 사람처럼 느껴지고, 돈을 받아 가계를 꾸려가는 사람은 계획 없이 펑펑 쓰는 것처럼 느껴진다. 상대방의 의도가 그렇지 않더라도 돈 이야기가 나오면 괜스레 위축되고 스스로가 부족하게 느껴지는 것이다. 그러다 감정이 격해지면 누가 더 힘든지 하소연을 하거나 서로를 비난하기도 한다.

맞벌이를 하는 부부라면 더 많이 버는 사람이 집안일에서 벗어날 수 있는 자격이라도 주어진 것처럼 생각하는 경우도 있다. 또 외벌이 3인 가족이라면 매년 급여가 올라도 월급만으로는 늘 부족한 게 현실이다. 오른 월급 이상으로 아이가 커가면서 지출도 늘어나기 때문이다. 이런 현실에 대한 자각 없이 돈에 관한 이야기를 시작해서 한 번도 제대로 끝을 맺지 못했기 때문에 재무대화의 의미와 중요성을 잘 깨닫지 못한다.

그래서 부부와 재무상담을 할 때 가장 주안점을 두는 것은 돈에 관한 대화를 끝까지 마무리할 수 있도록 이끌어주는 것이다. 대화를 하다 서로 상처를 주기도 하고 싸우기도 하지만 잘 달래고 진정시켜 배우자를 이해하고 의견 차이를 좁혀 나갈 수 있도록 돕는다. 이런 과정을 통해 서로에 대한 서운함과 의심이 사라지고 이해와 배려가 깊어진다. 가정 경제를 함께 잘 꾸려가겠다고 결심하는 훈훈한 마무리까지 보게 된다.

부부가 스스로의 힘으로 재무 대화를 끝까지 이어나갈 방법을 모르거나 자신이 없다면 재무 전문가에게 상담을 받아보는

것도 추천한다. 그 과정에서 부부간에 재무 대화를 잘하는 방법을 배우는 것만도 큰 소득이다.

많은 부부가 재무 문제로 다투고 서로에게 상처를 준다. 이는 결혼생활을 시작하면서 부부가 지켜야 할 재무 기준을 정하지 않아서다. 결혼준비를 하면 대부분 부부나 양가의 생각 차이로 여러 갈등을 겪고 이를 해결하느라 진이 빠진다. 그래서 결혼 후에 지켜야 할 재무 기준까지 생각할 여유가 없다. 기준을 세우고 싶어도 몰라서 못하는 경우도 많다. 아직 이 기준이 없다면 지금이라도 하나씩 정해나가보자. 지금까지 부부가 살아온 시간보다 앞으로 함께할 시간이 훨씬 길기 때문이다.

살면서 돈은 정말 중요하지만 부부의 행복에 우선하지는 않는다. 돈에 대한 생각 차이로 서로 싸울 때마다 부부는 가장 소중한 행복을 조금씩 잃는다. 다음장에 나오는 부부 재무 대화 10계명과 부칙을 보며 배우자와 함께 대화를 나눠보자. 내가 상담을 시작하기 전 부부와 공유하는 이 원칙이 모든 사람에게 딱 들어맞지는 않을 것이다. 나의 기준을 참고해 여러분이 직접 부부간의 대화를 통해 두 사람만의 원칙을 만들어보기 바란다.

부부가 동의하는 한 가지에서 출발해 하나씩 숫자를 늘려나가면 된다. 부부 재무 대화 10계명을 만들어보고 대화를 시작하는 데 의미가 있다. 부부가 아주 잘 맞을 수도 있고 생각이 완전히 다른 경우도 있을 것이다. 하지만 지금부터라도 하나씩 맞춰가는 과정을 거치면 돈에 대한 생각이 달라 다투는 일이 점점 줄어들거나 없어질 것이다.

부부가 공동의 목표를 만들고 재무 기준을 세워 실천해나가면 매달 긍정적으로 변화하는 가계부를 볼 수 있다. 그러한 과정을 통해 자산만 느는 게 아니라 부부간에 이해와 사랑도 커진다. 부부가 마음이 맞아야 돈이 새지 않고 자산은 늘어난다.

부부 재무 대화 10계명

1. 부부의 행복이 돈보다 중요하다.

한 사람이 행복해도 다른 사람이 행복하지 않으면 부부가 행복한 게 아니다.

2. 가족의 돈은 버는 사람만의 돈이 아니다.

누가 벌든 그 돈은 가족의 돈이다.

3. 돈 때문에 싸우지 말자.

돈은 부부의 사랑을 키우고 꿈을 이루는 수단일 뿐이다.

4. 돈에 대해 정직하자.

돈 때문에 잃은 신뢰는 사랑도 무너뜨린다.

5. 빚으로 욕망하는 것을 탐하지 말자.

욕망은 곧 절망으로 바뀐다.

6. 부부간에 월급이 많다고 뻐기지 말고 월급이 적다고 기죽지 말자.

부부는 공동운명체다.

7. 잘사는 친구들과 비교해 상처 주지 말자.

비교는 불행의 씨앗이다.

8. 양가 가족에 대한 지출은 부부의 동의하에 지출하자.

소액의 비자금은 눈감아주자.

9. 배우자의 지갑을 몰래 열어보면서 사랑이라고 착각하지 말자.

부부간에도 프라이버시는 있다.

10. 한 달에 한 번은 격식을 차려 재무상황에 대해 진지하게 대화하자.

설사 현실과 대면하기 싫을지라도.

부칙

1. 저축부터 먼저 하고 지출하자.
2. 신용카드보다 체크카드나 현금을 사용하자.
3. 예산을 세워 예산 내에서만 지출하자.
4. 외식 횟수는 최대한 줄이자.
5. 서로가 낭비라고 여기는 것은 사지 말자.
6. 자기계발 비용은 미래를 위한 선투자이니 아까워하지 말자.
7. 사고 싶은 물건이 있으면 숙고시간을 가지고 그래도 사야 하면 모아서 사자.
8. 보증은 서로 동의하지 않으면 부모님 보증도 서지 않는다.
9. 저축이나 투자도 서로가 동의할 때만 실행한다.
10. 써야 할 것은 과감하게 쓰고 아낄 것은 철저하게 아끼자.

소비가 미덕?
절약이 미덕이다

가정에서 쓰는 돈은 한 나라의 경제에 활력을 불어넣거나 떨어뜨리고 기업의 주가도 움직일 정도로 파괴력이 크다. 내수 시장에서 소비가 잘 이루어져야 국가 경제가 활력이 생기고 기업들도 투자와 고용을 늘려 경제에 선순환이 이어진다. 이런 관점에서 보면 소비가 미덕이라는 말은 아주 그럴듯하다. 하지만 개인에게도 소비가 미덕일까? 나는 그렇지 않다고 생각한다.

개인은 자산을 어느 정도 쌓아놓기 전까지는 절제가 먼저다. 그렇다고 무조건 안 먹고 안 입으면서 소비하지 말자는 이야기는 아니다. 불필요한 소비를 최대한 자제하는 건전한 소비를 해야 한다는 것이다. 국가와 기업의 발전에 보탬이 되기 위해 소비하기보다는 먼저 건전한 가정경제 시스템을 만들어놓는 것이 우선이다. 이는 1인 가족이나 2인 가족보다 3인 가족에게 더 중요하다. 부자가 아닌 대부분의 개인에게는 소비가 아닌 절제가 미덕이다.

2018년 6월말 기준 '담보건수별 주택담보대출 현황'을 살펴보면(나이스평가정보) 국민 10명 중 4명이 집으로 인한 대출이 있고, 이들의 1인당 평균 부채는 8,043만 원이다. 수치로 따지면 주택담보대출을 받은 인원이 1,903만 명인데 대출이 잘 안 되는 고령층이나 아이들을 제외하면 엄청난 숫자다. 마이너스 통장, 신용대출을 비롯한 다른 대출은 제외한 수치이므로 이런 대출까지 감안한다면 대출을 받을 수 있는 성인의 대부분은 많든 적든 주택에 따른 대출, 신용대출 등의 빚을 떠안고 있다고 볼 수 있다.

이런 상황에서 국가 경제에 보탬이 되고자 소비를 미덕이라고 여기며 돈을 펑펑 쓰면 빚은 계속 늘어나고 결국에는 감당할 수 없게 된다. 국가 경제를 위해 돈을 많이 써주면 좋은 사람은 이미 부자가 된 사람들이다. 그들의 소비를 부러워하며 따라 하기보다는 그들이 돈을 잘 쓸 수 있게 북돋워 주고 그 과실을 나눠 가지면 된다.

돈을 쓰는 만큼 행복해질까

삼포세대, 사포세대를 넘어 지금은 N포세대까지 왔다. 연애, 결혼, 출산, 저축, 내집마련 등 포기할 게 너무 많아진 시대다. 앞으로 무엇을 더 포기해야 할까? 모두 돈이 문제다. 취업은 바늘구멍이고 집값은 하루가 다르게 올라가고 있는데 소득은 별로 늘지 않는다. 사회 분위기가 이렇게 회색빛이다 보니 미래에 대한 희망이 없다.

그러다 보니 얼마 전부터 '욜로 라이프', '소확행' 등 새로운 사회 트렌드가 들불처럼 번지고 있다. 희망이 사라진 젊은 세대에게 복음같이 들리는 메시지다. 욜로(YOLO, You Only Live Once의 줄임말로 '인생은 한 번뿐이다'를 뜻한다) 라이프가, 한 번뿐인 인생에 불확실한 미래를 걱정하며 현재의 즐거움을 포기하는 대신 즐기면서 살라는 말이니 얼마나 귀에 쏙쏙 들어오겠는가. 소확행(소소하지만 확실한 행복의 줄임말)은 내집마련, 취업, 결혼 등 성취가 불확실한 큰 목표를 추구하기보다 일상의 작지만 성취하기 쉬운 행복을 추구하는 삶을 살라는 제안이라 마음이 편안해지기도 한다.

그런데 이상하지 않은가? 행복을 추구하는 삶이 반드시 소비와 연결된다니. 과연 소비를 많이 할수록 행복해질까? 그렇지 않을 것이다. 소비를 많이 하면 할수록 허무하고 자괴감이 든다. 처음 몇 번은 즐거울지 몰라도 거듭되면 즐겁기보다는 불안해진다. 그 불안감의 밑바닥에는 점점 더 가벼워지는 통장이 있다.

욜로로 살다 골로 간다

우리의 얇은 지갑은 늘 기업의 마케팅 전략과 전술에 철저하게 노출돼 있다. 해외에서 심리학, 경제학, 마케팅, 뇌과학, 행동경제학 등을 전공하고 돌아온 박사들이 기업에 근무한다. 그들은 우리의 지갑을 열기 위해 최신 논문을 뒤적이며 매일 전력을 다해 연구한다. 사람들이 돈을 쓰게 할 수만 있다면 어떤 어려운 학문이라도 샅샅이 파헤쳐서 방법을 찾아낸다. 그게 그들의 일상이자 목표다.

계속해서 기업은 소비를 격려하고 그것이 현명한 소비라고 부추긴다. 우리는 지갑 열기의 달인들을 당해낼 재간이 없다. 노래

가사에서, 그리고 유명 작가의 소설에서 '욜로 라이프'나 '소확행', '지름신', '현명한 소비' 같은 신조어를 가져와 기가 막히게 트렌드로 만들어 우리의 의식을 지배하는 그들의 마케팅 전술 앞에 속수무책으로 당할 수밖에 없다. 지갑을 열어 당장의 행복을 추구하라는 그들의 메시지는, 하루하루 삶을 살아내기 힘들고 미래가 암담한 젊은 세대의 마음을 쉽게 흔든다.

상담이나 강의를 할 때 나는 우스갯소리로 "욜로로 살다 골로 간다"라고 말하곤 한다. 욜로 라이프를 추구하는 삶은 미래를 대비하지 않는 삶이다. 수명은 길어졌는데 돈을 버는 시간은 늘어나지 않았다. 죽는 날까지 지금처럼 돈을 벌 수 있다면 마음 놓고 소비하며 살아도 된다. 하지만 보통 사람에게 돈을 버는 기간은 대부분 정해져 있다. 돈을 버는 시기에 미래를 준비하지 않으면 안락한 미래는 없다. 국가에서 지원하는 사회보장제도에 기댈 수도 있겠지만 그것은 굶주림을 면할 정도가 될 것이고, 자녀에게 손을 벌리려 하면 할수록 자녀에게 돌봄을 받는 것은 불가능할 것이다.

그렇다고 미래를 위해 무조건 허리띠를 졸라매고 돈을 모으라는 이야기는 아니다. 경험에 비추어 보면 시기마다 꼭 해야 할 것들이 있다. 때를 놓치면 나

중에 할 수 없고 하더라도 그리 즐겁거나 행복하지 않은 일들이 있는 것이다. 따라서 '욜로 라이프'와 '미래를 위해 현재를 포기하는 삶' 사이에서 균형을 잡으며 사는 것이 중요하다.

지금 꼭 해야 할 것은 하되 무분별하지 않아야 하고, 꼭 하지 않아도 되는 것은 절제하면서 미래를 대비해야 한다. 노파심에 사족을 하나 더한다면, 돈이 들지 않는 것은 지금 해도 되고 나중에 해도 된다. 뭔가를 할 때 돈을 많이 써야 하는 것에 한해서 균형 잡힌 삶을 살라는 이야기다.

유통업계의 큰손
3인 가족,
씀씀이를 줄여라

얼마 전까지 두 명의 자녀를 둔 4인 가족이 보편적이었다면 지금은 아이 하나인 3인 가족 수가 더 많아지는 추세다. 육아의 어려움과 자녀에게 들어가는 비용에 대한 부담으로 아이를 하나만 낳기 때문이다. 이렇다 보니 외동아이를 왕자나 공주처럼 키우는 '골드키즈'나 편안하고 행복한 육아 환경을 위해 지출을 아끼지 않는 '힙맘' 같은 트렌드가 유행하면서 유아용품이 날로 고급

화되고 있다. 아이에게 들어가는 비용이 부담스러워 하나만 낳았는데 두 아이를 키우는 데 드는 비용, 아니 그 이상으로 지출하게 되는 아이러니가 생긴 것이다.

아이가 예쁘고 귀하기는 여느 부모나 같다. 이렇게 귀한 아이에게 좋은 것이라면 모든 해주고 싶은 마음도 같다. 그런데 아이가 성인이 되어 안정적으로 독립할 수 있으려면 아이의 어린 시절에 부모가 현명하게 준비해야 한다. 뒤에서 자녀 교육비에 관해 자세히 다루겠지만, 자녀 나이 17세 이전에 낭비하지 않고 저축해야 아이가 학업과 취업에 집중할 수 있다. 자녀를 대출 없이 대학을 졸업시키는 것으로 목표를 삼고 재무설계를 해야 한다.

아이를 왕자나 공주처럼 키우고 싶어 하는 부모의 마음을 부추기는 마케터들의 달콤한 속삭임에 넘어가지 말고 아이의 밝은 미래를 상상하며 지금 줄일 수 있는 지출들은 최대한 줄여보자.

싸게 사려다 매일 쇼핑하는 핫딜

우리 앞집에는 신혼부부가 살고 있는데 출퇴근하면서 보면 거의 매일 생수나 크고 작은 택배상자가 놓여 있다. 온라인 쇼핑 매출이 2017년에는 78조 원이었고 2020년에는 90조 원을 넘어설 것으로 예상된다고 하니 요즘 쇼핑의 대세는 온라인 쇼핑몰이라 할 수 있겠다.

온라인 쇼핑의 경우 오프라인에서는 볼 수 없는 다양한 할인 혜택이 존재한다. 특히 요즘 '핫딜'이라고 해서 특가로 생필품을 파는 것이 주부 커뮤니티에서 인기라고 한다. 다들 핫딜 정보를 공유하고 기저귀나 분유, 아이용품 등 필요한 품목을 저렴하게 구매하는 게 추세란다. 아이를 둔 부부와 상담하며 소비지출 부분을 자세히 들여다볼 때면 대체로 살림을 도맡아 하는 아내의 온라인 쇼핑 노하우에 감탄할 때가 있다.

"분유는 한통에 28,000원인데 세일할 때 쿠폰하고 카드 청구 할인 받아서 한 통에 21,000원 꼴로 4통을 샀고요. 옷은 해외 직구로 한 벌에 7,000원 정도로 산 거예요. 기저귀는 블랙프라이데이 쿠폰으로 개당 300원이 넘는 것을 220원꼴로 샀고요. 두루마리 휴지는 1팩에 18,000원짜리를 두 팩에 19,000원에, 만두는 5팩에 2만 원, 주스는 24팩에 원래 24,000원인데 12,000원, 이 전집은 중고로 살까 하다가 잘 찢어진다고 해서 25,000원 할인 받아 새 제품을 저렴하게 샀어요."

수많은 쇼핑 정보와 매일 오르내리는 세상 물가를 꿰뚫어 보듯 비교분석하는 상담자를 보며 어떻게 상담을 해야 할까 당황스러웠다. 내가 이들보다 더 지혜롭고 현명하게 소비하는 방법을 알려줄 도리가 없을 것 같았다. 처음에는 이런 이야기를 듣고 "꼭 필요한 것을 싸게 잘 사셨네요" 하고 끄덕이곤 했는데 상담을 하다 보니 꼭 좋은 것만도 아니었다. 핫딜에 빠져서 매일 뭔가를 구매하고 있었기 때문이었다.

쿠팡과 이마트몰, 배달의민족에 사라지는 자산

싸게 샀지만 매일 사고 있었다. 어떤 사람은 매일 택배가 오는데 뭐가 오는지 기억도 나지 않아 뜯어보고 '내가 이걸 샀었지' 하고 알게 된다고 한다. 또 장바구니에 넣어놓기만 했다고 생각했던 것이 나도 모르는 사이 결제돼서 오는 경우도 있고, 수량을 잘못 선택하거나 중복 결제되기도 한다. 매일 여러 쇼핑몰을 비교분석하다 보니 슬금슬금 새는 돈이 많았다.

냉동실에는 만두와 핫도그가, 부엌 찬장에는 밀폐용기가 꽉 차 있고, 다용도실에는 각종 청소도구와 주방세제, 휴지, 키친타월이, 옷방에는 블랙프라이데이 때 사놓은 아기옷과 기저귀가 한가득이다.

그런데 기저귀나 분유 같은 것은 많다는 생각에 헤프게 쓰게 되고, 나중에 쓴다며 쟁여놓은 것은 아이가 커버리는 바람에 쓰

지 못했다. 이런 것들은 아깝지만 친구를 주거나 맘카페에 저렴하게 내놔 처분한다고 한다. 또 집에 있는 줄도 모르고 사서 여러 개가 있는 경우도 많았다. 이처럼 싸다는 이유로 너무 많은 것을 불필요하게 많이 구매하고 있다. 썩지 않는 물건이라지만 집을 창고로 만들고 있는 건 아닐까?

아주 단순하게 3억짜리 30평 집에 살고 있다고 하자. 자가든 전세든 대략 1평에 1,000만 원이라는 비용을 쓰고 있는 셈이다. 침대, 싱크대, 세탁기, 옷장 등을 제외하면 가족이 활동하며 누리는 공간은 절반도 안 될 것이다. 우리는 넓게 살기 위해 넓은 집을 원하지, 짐을 더 놓기 위해 비싼 비용을 들여 넓은 집에 거주하는 것이 아니다. 짐을 쟁여놓기 위해 보이지 않는 비용을 쓰고 있는 건 아닌지, 불필요한 짐을 놓기 위해 발 디딜 틈 없이 생활하고 있는 것은 아닌지 생각해보자.

외국의 경우 집과 마트가 멀리 떨어져 있어, 지하실이나 부엌에 창고를 마련해두고 생필품 등을 비축해놓는다. 하지만 한국은 다르다. 도심과 많이 떨어진 시골이 아니라면 대부분은 2~3분만 나가도 편의점과 슈퍼가 가까이 있다. 요즘 같은 시대, 치약이 떨어졌다고 해서 차를 타고 한참을 나가 치약을 사야 하는 경우는 없다. 스마트폰으로 결제만 하면 심지어 다음 날 새벽에도 배송해준다.

마트와 쇼핑몰을 우리집 창고 또는 냉장고로 생각하면 어떨까? 비용은 약간 더 들 수 있어도 오히려 필요한 것만 그때그때 사면 쟁이는 것보다 돈을 더 절약할 수 있다. 즉흥적으로 쇼핑하지 말고 필요할 때 필요한 것만 구입해야 한다. 할인 쇼핑이 현명한 소비라고 칭찬한다지만 소비의 양이 많아지면 그 모든 것이 결코 현명하다고 할 수 없다.

온라인 쇼핑몰을 이용하지 말라는 이야기는 아니다. 요즘 같이 바쁜 시대에 쇼핑에 많은 시간을 들이지 않는 것이 얼마나 큰 장점인가. 3인 가족은 아이에게 써야 할 시간이 많은데 온라인 쇼핑몰을 이용하여 시간을 아끼면 그 시간을 아이에게 들일 수 있다. 다만 필요한 물건 리스트를 작성해놓고 쇼핑앱을 열자는 이야기다. 다른 물건은 쳐다보지 말고 리스트에 적힌 것만 구입해서 결제하면 된다. 매일 조금씩 사지 말고 한 번에 필요한 것을 몰아서 사는 것도 소비를 줄이는 좋은 방법일 수 있다. 좋은 것을 보면 사고 싶어지게 마련이다. 좋아 보이는 것을 무턱대고 사는 것이 반복되면 가정 경제가 엉망이 되니 현명한 쇼핑 습관을 들여야 한다.

외식비 예산을 세우자

내담자들의 소비지출 내역을 파악하다 보면 과거에 비해 외식비 비중이 상당히 높아졌다는 것을 알 수 있다. 내담자 중에 지금까지도 기억나는 맞벌이 부부가 있다. 그들은 외식 빈도수가 잦기도 했지만 한 번 외식을 하면 이차, 삼차까지 가며 끝장을 보는 것이 문제였다. 맛있는 음식에 더해 술도 좋아했기 때문에 한 달 외식비로 150만 원을 지출해서 깜짝 놀란 적이 있다. 하지만 이건 오히려 나을지 모른다. 최근에 더욱 문제가 되는 것은 밖에 나가지 않고 하는 외식, 바로 배달주문이 문제다.

요즘은 TV 채널을 돌리다 보면 24시간 내내 먹방을 볼 수 있다. 특히 오후 5~6시나 저녁 10~11시경처럼 배가 고프거나 출출한 시간대에 많이 보게 되는데 그러다 보니 배달앱에 절로 손이 간다. 예전에는 중국음식이나 치킨, 피자처럼 배달되는 음식이 빤했다. 그런데 이제는 배달의민족, 요기요, 배달통 등 IT 신기술과 세련된 비주얼로 무장한 배달앱이 폭발적으로 성장하면서 생선회나 팥빙수처럼 웬만한 맛집 음식까지도 집에서 먹을 수 있는 시대로 바뀌었다.

아이가 있는 집에서 배달앱이 더욱 유용한 데는 또 다른 이유가 있다. 아이가 어릴 때는 식당에 가서 음식을 먹기가 힘들기 때문이다. 또 온종일 아이를 안고 씨름하다 보면 저녁을 차려 먹는 것도 힘에 부칠 때가 있다. 배달앱은 주문해서 먹을 수 있는 음식이 다양해졌고 주문하려면 휴대폰 화면을 몇 번만 클릭하면 가능하기 때문에 자주 이용하게 되고 편하다 보니 습관이 되어 버린다. 배달음식은 두세 번만 주문해도 10만 원이 훌쩍 넘는 게 예사다. 게다가 예전에는 당연히 무료로 여겼던 배달비까지 받으니 비용이 더 늘어난다.

이 책을 읽는 여러분 중에도 지나치게 많이 나오는 외식비를 어떻게 하면 줄일 수 있을지 고민하는 사람이 있을 것이다. 먼저 한 달 외식비 예산을 세우는 게 중요하다. 지출을 통제하기 위한 최선의 방법은 실천 가능한 예산을 세우고 그 예산 범위 내에서 지출하는 것이다.

외식비를 절약하겠다고 마음먹었다면 견물생심이니 먼저 휴대폰에서 배달앱부터 삭제하자. 필요할 때 다시 배달앱을 설치하더라도 수시로 클릭해서 살펴보는 습관만 줄여도 배달음식을 먹는 횟수가 확실히 줄어든다.

그리고 집에서 해먹는 음식과 달리 배달음식은 맛을 내기 위해 설탕이나 몸에 좋지 않은 첨가물을 많이 넣기 때문에 건강에도 좋지 않다. 갓 튀겼거나 펄펄 끓는 음식을 플라스틱 용기에 담아 배달하는데 이 또한 몸에 좋을 리 없다. 환경호르몬이 나오는 플라스틱 사용을 줄이자 생리통이나 위경련, 대장질환, 아토피 등 일상을 방해하는 질환이 없어졌다는 다큐멘터리도 있었다. 건강을 생각해서라도 배달주문을 줄여보자.

그렇다고 꼬박 꼬박 집에서 밥만 챙겨먹을 수는 없다. 따라서 한 달 외식비로 20만 원을 지출하겠다고 마음먹었다면 1주일에 한두 번, 한 번 먹을 때 2만 원 이내로, 5만 원을 초과했을 때 횟수를 줄이더라도 월 20만 원을 넘지 않겠다는 원칙과 기준을 세울 필요가 있다. 돈뿐만 아니라 건강을 위해서라도 이 원칙은 꼭 지키자.

옷과 장난감은 길어봤자 3개월

아이들은 금방 쑥쑥 자란다. 아무리 질 좋은 옷을 사 입혀도 계절이 바뀌면 옷이 작아져 더 이상 입히지 못한다. 그렇다고 일 년 후를 생각해 치수가 큰 옷을 사서 입히면 당장 예쁘지가 않다. 내년에 옷이 잘 맞으리라는 보장도 없다. 새 옷을 사면 기분이 좋지만 3~4개월이면 새것의 기분 좋음도 사라진다. 따라서 이제부터는 형제나 친척 중에 나이 두세 살 많은 동성의 아이가 있으면 옷을 물려달라고 미리 챙겨 놓자. 그것도 여의치 않으면 맘카페 같은 커뮤니티에 가입해 활동하면서 나눔 활동을 하는 것도 좋은 방법이다. 아이가 그 돈이 꼭 필요할 때 쓰기 위해 지금 안 사고 저축해 놓는 것이다.

아이가 외모에 대해 민감해질 때까지는 꼭 필요한 옷을 제외하고는 나눠 쓰고 공유하면 많은 돈을 모을 수 있다. 확인해보고 싶다면 옷을 사주고 싶을 때마다 그 금액을 기록해놓았다가 나중에 합산해보자. 아마 꽤 많은 금액일 것이다. 아이에게 옷을 사줘도 아깝지 않을 때는 아이의 성장이 다 끝났을 때다.

장난감도 마찬가지다. 유행에 따라, 아이 성장에 꼭 필요하다는 이유로 장난감을 수시로 사준다면 그 비용을 무시할 수 없다. 특히 요즘 아이들 장난감은 비싸고 부피도 큰 제품이 많아 돈이 많이 든다. 장난감의 가격이나 크기보다 더 신경 쓰이는 것은 아이들이 장난감에 금방 싫증을 내는 것이다. 아이가 몇 번 가지고 놀다가 더 이상 손도 안 대는 장난감들도 쌓이고 쌓인다.

물론 장난감을 아예 사주지 않을 수는 없다. 장난감은 아이가 가지고 놀 동안 부모가 식사도 하고 빨래도 하고 집안일을 할 수 있게 해주기 때문에 꼭 필요하다. 하지만 집안을 꽉 채울 만큼 많은 양의 장난감이 필요하지는 않다. 아이 옷과 마찬가지로 장난감도 중고거래와 맘카페를 활용하자. 싼 가격에 장난감을 구입할 수 있고 공짜로 장난감을 나누는, 마음 좋은 이웃을 만날 수도 있다.

또 요즘은 장난감 대여점이 많다. 지방자치단체에서 운영하는 장난감 대여점도 있고 사설 대여점도 있다. 지방자치단체에서 운영하는 장난감 대여점은 연회비 1만 원 정도의 저렴한 비용으로 이용할 수 있다. 대여중인 것이 많아 원하는 장난감을 제때 대여하지 못하는 것이 큰 단점이긴 하다. 반면 사설 대여점은 수입 브랜드나 고가의 장난감이 많고 장난감의 종류도 다양하며 원하는 장난감의 대여가 쉽지만 대여료가 지방자치단체에서 운영하는 대여점에 비하면 훨씬 비싼 편이다. 사는 곳을 기준으로 이용하기 편리한 지방자치단체에서 운영하는 대여점과 사설 대여점을 번갈아 적절히 활용하면 장난감을 직접 구입하는 것보다 만

족스러울 것이고 비용도 대폭 줄일 수 있을 것이다.

'교육적 외출'의 함정

TV를 틀면 맛집 소개와 함께 갈 만한 여행지가 많이 나온다. 볼 것과 먹을 것 많은 지역 축제부터 걷기 시작한 아이와 가기 좋은 수목원, 텐트를 치고 숲속에서 하룻밤을 보내는 캠핑, 역사가 살아 숨쉬는 문화재, 아이가 좋아하는 수영장이 있는 펜션, 아이가 뛰놀기 좋은 체험장, 스키장, 집라인이나 레일바이크 등의 액티비티를 즐길 수 있는 곳까지 부부는 아이와 함께하기 좋다는 이유로 여러 곳을 여행한다. 횡성에 가서 한우도 먹어보고, 대하철에는 대하를, 대게철에는 대게를 먹으러 떠난다. 모두 아이를 위해서!

3인 가족이 되면 아이를 동반한 주말 외출이 잦아진다. 아이 돌무렵 때는 아이나 엄마가 답답하니 집 앞 공원 정도까지만 나갔다면 3~4살이 되면서부터는 아이에게 좋은 추억과 경험을 쌓게 해준다며 '교육적 외출'이 시작된다. 나도 예외는 아니어서 아내의 성화에 주말마다 피곤한 몸을 이끌고 운전해 박물관이나 영화관, 공연장 등을 순례했다.

한 번은 아이들을 데리고 박물관에 갔다. 부모 마음으로는 아이들이 박물관에 진열되어 있는 유물들을 찬찬히 관람하면서 많은 것을 보고 배우길 바랐지만 아이들은 절대 부모의 바람대로 행동하지 않았다. 아이들은 그냥 흘깃 보면서 스쳐 지나갈 뿐, 오히려 부모가 관심 있어서 유물들을 보고 있자면 아이들은 빨리 나가자고 성화였다. 자판기 음료수를 사달라, 입구에 있는 아이스크림을 사달라, 다리 아프니 업어달라 요구도 많았다.

박물관 관람이 끝나면 당연히 근처 맛집을 찾아 식사까지 해결한 후에 집에 오곤 했다. 교통비와 관람료, 외식비까지 합해 한 번 외출에 10만 원을 훌쩍 넘기는 것은 예사였고 집에 돌아오면 부부는 녹초가 됐다. 아이들이 성장하면서 이러한 주말 외출이 얼마나 긍정적인 영향을 미쳤는지 잘 모르겠다. 분명한 것은 어떠한 장소를 가는가보다 가족이 함께 시간을 보내는 것이 훨씬 의미 있다는 것이다. 함께 시간을 보내는 데 꼭 많은 돈이 필요하지는 않다.

요즘은 주 5일 근무는 당연하고 주 52시간 근무제가 시행되면서 업무 외 시간과 휴가가 많이 늘었다. 휴일이 많아진 만큼 쓸 돈도 늘어났다. 하지만 급여가 늘어나지는 않았다. 따라서 주말 외출도 계획적으로 해야 한다. 꼭 돈을 써야 아이가 잘 크는 것은 아니다. 아이가 잘 성장하려면 각종 체험이나 비싼 외식보다 가족이 함께하는 시간이 더욱 중요하다는 사실을 유념하여 주말 외출을 계획적으로 설계해보자.

부부 중 안 쓰는 통장과 체크카드가 있을 것이다. 주말 외출을 위한 체크카드로 사용하자. 월 10만 원이나 20만 원 등 생활에 맞게 예산을 세워 적절한 금액을 넣어 두고 한 달 동안 사용해보자. 예산을 초과했다면 그달에는 자제할 줄도 알아야 한다. 여행도 계획하는 과정이 즐겁듯이 주말 외출도 짧게는 한 달, 길게는 석 달 정도 미리 계획을 세워 실행하면 만족도가 더 커지고 아이에게 꼭 필요한 것을 잘 선택할 수 있다.

해외여행은 아이가 일기를 쓸 수 있을 때

어린이집에 다녀온 아이가 해외여행을 다녀온 친구의 자랑을 듣고 와서 비행기를 타보고 싶다고 졸라댄다. 아이 친구 엄마가 여름휴가 때 괌에 다녀왔다고 하면 '우리도 가볼까?' 하는 마음이 든다. 국내여행이나 해외여행이나 비용 차이도 안 나니 아이 비행기도 태워줄 겸, 시간 내서 방콕이나 가까운 곳으로 바람쐬러 다녀올까 하는 생각도 든다.

요즘 공항에 가면 아이를 안고 해외여행 가는 모습을 많이 본다. 해외여행에 익숙한 세대가 결혼해서 아이를 낳았기 때문이다. 임신부터 출산하고 갓난아이를 키우기까지 집에만 콕 박혀 있다가 아이가 어느 정도 크면 기분 전환 삼아 비행기를 타고 동남아 등지로 여행을 떠난다. 1년에 한 번, 고생한 나와 배우자에게 선물한다는 의미로 여행을 떠나는 것도 좋지만 절약하기로 마음먹었다면 비행기 티켓을 결제하기 전에 한 번 더 심사숙고해보자.

아이와 셋이 해외에 나가려면 최소 200만 원이 든다. 보통은 300만 원이 훌쩍 넘는다. 여행용 유모차와 아이 여행물품도 사야 하고 오랜만의 해외여행이니 면세 쇼핑도 빼놓을 수 없다. 그리고 아이가 있기 때문에 좋은 호텔에서 묵어야 한다. 젖병이나 이유식을 바리바리 싸들고 수영장이 있는 좋은 호텔에서 2~3일을 보냈더라도 귀국하는 비행기에서 아기가 칭얼거려 진땀을 뺐다면 좋았던 여행의 기억은 모두 사라지고 만다.

아이에게 멋진 사진을 남겨줄 수는 있다. 그러나 꼭 필요한 여행인지 한번 생각해보자. 나는 상담자들에게 아이와 해외여행을 가려면 아이가 일기를 쓸 수 있는 나이에 가라고 조언한다. 아이가 경험을 하고 일기 등으로 기억하고 되새길 수 있을 때 가라는 것이다. 그 전의 시기는 온전히 부모 만족일 뿐이다.

아이가 어렸을 때 휴양지를 가는 대신 그 여행비를 모아 초등학교 고학년 때 온 가족이 유럽이나 미국으로 견문을 넓히는 여행을 떠나는 것이 더 낫지 않을까? 어느 정도 머리가 굵어진 아이여야 넓은 세상을 접하고 많은 것을 보면서 지적 자극을 받을 수 있다. 그제야 비로소 교육적 체험이라는 목적을 달성할 수 있는 것이다. 덤으로 이때는 부모도 힘들지 않고 여행이 가능해지는 시기다.

'작은 목돈 만들기' 통장

얼마 전 유튜브 방송 '김미경TV'에서 김미경 씨 자매가 돈에 관해 이야기 나누는 것을 시청하면서 무릎을 '탁' 친 적이 있다. 프리랜서 생활을 주로 해온 김미경 대표와는 달리 바로 아래 동생인 김은희 씨는 직장인인 남편이 벌어오는 월급으로 살림을 꾸리는 전업주부였다. 매달 들어오는 돈이 고정적이고 빤하기 때문에 빠듯한 생활비를 잘 관리해야 했고 그러다 보니 돈 관리에 대한 노하우가 쌓였다는 것이다. 그녀의 노하우는 재테크 전문가인 나도 배울 점이 꽤 있었다.

특히 인상 깊었던 것은 대학학자금처럼 큰 목돈이 아니라 아이들이 크면서 필요한 작은 목돈을 모으는 방법에 관한 것이었다. 그녀는 아이에게 들어가는 작은 목돈을 예측하고 모을 수 있는 방법을 연구해 준비했다.

한 가지 예를 들면 아이에게 언젠가는 컴퓨터가 필요할 때가 온다. 대부분은 그때 가서 월급을 받아 할부로 사거나 다른 목돈을 헐어 사주는데 살림꾼인 그녀는 다른 방법을 썼다. 바로 자유저축 통장을 이용한 것이다. 이벤트가 있을 때마다 이 통장에 저축을 했다. 이를테면 아이들이 학교에서 상을 받아 올 때마다 상장 하나당 5,000원, 10,000원씩 가격을 매겨 통장에 넣었다. 그러다 컴퓨터를 사줘야 할 시점에 통장에 모인 돈으로 기분 좋게 사서 아이들에게 선

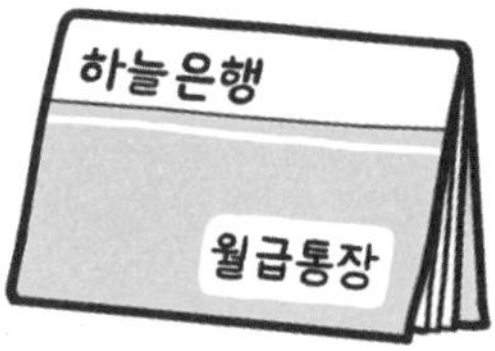

물했다고 한다.

요즘 유치원이나 초등학교에서는 우수한 성적에 대해서만 상을 주는 것이 아니라 아이들에게 동기부여가 될 수 있는 상을 많이 만들어 시상한다. 어떤 상장이든 아이가 상장을 받아와서 기분이 좋지 않은 부모는 없다. 그 좋은 기분을 장차 아이에게 필요한 '작은 목돈 만들기'라는 목표를 이루는 데 활용하면 저축도 할 수 있고 기쁨을 오랫동안 간직할 수도 있다. 아이에게도 자랑스러운 기억이 되고 의미 있는 물건이니 소중하게 사용할 것이다. 게다가 아이에게 푼돈이 목돈이 되는 과정을 자연스럽게 보여줌으로써 필요한 물건이 있을 때는 미리 계획하고 긴 시간 동안 준비해야 한다는 가르침을 줄 수도 있다.

김은희 씨 사례를 참고하여 내 아이에게 맞는 '작은 목돈 만들기' 프로젝트를 실천해보자. 부모나 아이 모두 기분이 좋아지고 돈이 필요할 때 부담되지 않으면서 아이에게 훌륭한 경제 교육도 할 수 있다.

왜 돈이
안 모이는지
한눈에 알고 싶다면

상담할 때 내담자들에게 꼭 하는 이야기가 있다.

"많이 번다고 저축을 많이 하는 것도 아니고 적게 번다고 저축을 적게 하는 것도 아니다. '잘' 쓰는 사람이 저축을 많이 한다. 물론 많이 버는 사람들이 잘 쓰기까지 한다면 적게 버는 사람보다 훨씬 저축을 많이 할 수 있다."

1,000만 원을 벌어 950만 원을 쓰고 50만 원을 저축하는 사람

이 있는 반면에 150만 원을 벌어 50만 원을 쓰고 100만 원을 저축하는 사람도 있다. 저축액의 차이는 쓰는 것에 달려 있다.

월 100만 원씩 연 2퍼센트 이율을 주는 1년 만기 정기적금에 가입했다고 가정해보자. 1년 후 원금은 1,200만 원인데 이자소득세 15.4퍼센트를 떼고 나면 이자는 약 11만 원이다. 100만 원씩 1년 동안 저축하는 데는 많은 노력이 따라도 11만 원을 쓰기는 누워서 떡 먹기다. 퇴근길에 쇼핑몰에 들러 세일중인 옷 한 벌 사고 친구들과 만나 맛있는 것을 먹으면 다 쓸 정도다. 재테크 수익률을 따지기에 앞서 잘 쓰는 습관을 먼저 들여야 하는 이유다.

100만 원씩 1년 동안 저축하는 게 뭐가 어렵냐고 생각하는 사람도 있을 것이다. 급여와 씀씀이가 사람마다 다르기 때문에 월 100만 원의 저축이 어떤 사람에게는 쉬울 수 있고 또 어떤 사람에게는 어려울 수 있다. 대부분 아이를 키우는 보통 가정에서 100만 원은 인내하고 노력해야 저축할 수 있는 금액이다.

여기서 잘 쓴다는 것은 많이 쓴다는 뜻이 아니다. 불필요한 지출을 통제하되 써야 할 것은 쓸 줄 아는 선택적인 소비 생활을 통해 합리적인 지출 습관을 가져야 한다는 의미다. 재테크 책이나 인터넷에 돌아다니는 재테크 팁을 읽다 보면 "저축 먼저 하고 남은 돈을 쓰라"는 조언이 꽤 많다. 결론만 이야기하면 맞는 이야기지만 앞서 해야 할 과정이 있다. 얼마를 쓰는지 알아야 지속 가능한 합리적인 저축액을 정할 수 있다.

다이어트에만 요요현상이 있는 것은 아니다. 재테크에도 요요현상이 있다. 요요현상이 생기면 다이어트도 재테크도 시작하지 않는 것만 못할 수 있다.

몸무게가 75킬로그램인 사람이 최소한으로만 먹고 한 달에 20킬로그램을 빼겠다고 도전하는 것이나 기본 생활비를 무시하고 급여의 70퍼센트는 무조건 저축하겠다고 결심하는 것은 모두 목표를 달성할 확률보다 실패할 확률이 높다.

지속성이 담보되지 않은 다이어트와 재테크는 결코 성공할 수 없다. 인생은 100미터 달리기가 아니라 42.195킬로미터 마라톤이다. 또 마라톤을 한 번만 뛰는 것이 아니라 여러 번을 뛰어야 하기 때문에 100미터 달리기를 할 때와는 전략과 전술이 달라야 한다. 무리하지 않고 오래 지속할 수 있는 방법을 찾아서 실천해야 궁극적으로 재테크에 성공할 수 있다.

저축은 얼마나 해야 할까?

요요현상 없이 누구나 어느 정도 노력하면 지속할 수 있는 저축액은 급여의 몇 퍼센트일까? 사람마다 다르다. 사람마다 급여도 다르고 주거 여건도 다르고 선호하는 지출항목도 모두 다르기 때문이다.

몇 퍼센트를 저축할지 정하는 것보다 몇 퍼센트가 적당한지를 파악하는 게 먼저다. 그러려면 가계부부터 써야 한다. 그래야 얼마나 쓰는지, 어떤 지출을 줄일 수 있는지, 얼마나 줄일 수 있는지 알 수 있다. 내게 맞는 이상적이면서 합리적인 저축액을 정할 수 있고 급여의 70퍼센트를 저축하는 게 합리적인지 아니면 50퍼센트나 30퍼센트를 저축하는 게 옳은지도 알 수 있다. 급여의 몇 퍼센트를 저축할 것인가에 연연하지 말고 얼마나 오래 지속할 수 있을지에 초점을 맞추자.

가계부를 쓰기로 마음먹었으면 평이 좋은 스마트폰 가계부 앱을 깔아 오늘부터 바로 실천해보자. 서점에 가서 마음에 드는 가계부를 구입해 직접 써서 정리하는 것도 좋다. 먼저 지출을 적어보자. 내 생활 패턴에 맞는 가계부앱을 찾아 기록해보면 3개월쯤 뒤에는 자신의 지출내역과 소비 습관을 대략적으로 파악할 수 있다. 그리고 매달 말일이 되면 정리한 가

계부를 출력해 배우자와 수입과 지출 내역에 대해 대화를 나눠보자.

3개월 동안 쓴 내용을 분석해보면 대부분 깜짝 놀란다. 여태까지 보이지 않았던 게 보이기 때문이다. 줄일 수 있거나 줄여야 할 지출내역도 잘 보인다. 그동안 왜 돈을 모으지 못했는지를 단번에 알 수 있다. 아낄 것은 아끼고 절대 포기할 수 없는 지출은 마음 편하게 쓸 수 있게 먼저 예산부터 잡고 쓰자.

얼마나 저축할 수 있는지 냉정하게 파악해서 바로 적금이나 펀드에도 가입하자. 이때부터는 저축 먼저 하고 남는 돈을 쓰면 된다. 월급날이 오기 전에 쓸 돈이 똑 떨어졌다면 월급을 받을 때까지 돈을 쓰지 않기도 해보자. 참는 것도 필요하다. 결핍이 성공을 끌어당긴다. 그렇게만 한다면 당신은 머지않은 미래 돈 때문에 고민하지 않아도 되는 삶을 살 것이다.

인생의 변곡점에서는 가계부를 꼭 써라

인생에는 변곡점들이 있다. 변곡점의 사전적 의미는 '굴곡의 방향이 바뀌는 자리를 나타내는 곡선 위의 점'이다. 여기서 말하는 변곡점은 라이프 사이클이 변하는 지점을 뜻한다.

취업을 하고, 연애를 하고, 결혼을 하고, 아이를 낳고, 주택을 구입하고, 아이가 진학하는 시기에는 지출의 변화가 커진다. 아이 때문에 발생하는 지출은 시기마다 더 세분화해서 파악해야 한다. 이때는 반드시 가계부 쓰기를 통해 지출을 정확하게 파악해서 대책을 마련하며 대응해야 가계 재정에 무리가 생기지 않는다.

3인 가족은 1인, 2인 가족보다 지출이 복잡하다. 아이에게 지출되는 비용이 추가되기 때문이다. 아이에게 들어가는 비용이 시기마다 생각보다 많이 드는데 이때 가계 재정에 빨간불이 들어온다. 아이를 안고 문화센터를 다니기 시작하면서부터 소소한 지출이 발생하고 아이가 유치원이나 어린이집에 다니기 시작할 때도 나가는 돈이 많이 생긴다. 이때는 정기적으로 내는 유치원비와는 별도로 재료비도 나간다. 준비물도 자주 챙겨 가야 하는데 준비물 비용은 소소하지만 자주 발생하므로 적지 않은 돈이 든다.

초등학교에 진학하면 사교육이 시작된다. 이 시점도 아이에 대한 지출이 변하는 때이므로 반드시 가계부 쓰기를 통해 대응 전략을 마련해야 한다. 지출 내역이 변동하는 시점에 미리 대비하지 않고 흘러가는 대로 휩쓸리다 보면 저축할 돈은 하나도 남지 않고 늘 돈이 부족해 허덕일 것이다. 돈 때문에 매일 고민하는 삶이 시작될 것이고 내일이 아니라 오늘만 살게 될 것이다. 당연히 미래에 대한 준비는 전혀 할 수 없게 된다. 변곡점마다 가계부 쓰기를 통해 현명한 가계 전략을 세워야 하는 이유다.

우리집 자산현황표 만들어서 옷장에 붙여놓기

임신하면 초음파 검사, 기형아 검사를 비롯해 산모와 태아의 건강을 체크하기 위한 각종 검사를 받는다. 정부에서 임신출산에 필요한 비용을 지원해주고 있어 지원금으로 초음파나 기형아 검사 등은 충분히 받을 수 있다. 병원비 부담은 많이 줄어들었다.

대신 젖병소독기, 아기침대, 유모차, 카시트 등 아기를 키우기 위해 필요한 고가의 물품들이 전보다 늘어났다. 또 출산을 앞두고 분유, 젖병, 체온계, 아기 옷, 화장품, 아기세제 등도 마련해야 한다. 임신의 기쁨과 함께 많은 사람의 축복을 받으며 부모는 태어날 아기를 맞을 준비를 차곡차곡 해나간다.

출산 준비를 하듯 준비해야 할 것이 또 하나 있다. 수입·지출 점검이다. 수입과 지출을 점검하여 출산 후에 수입이 지출보다 크면 저축계획을 세우고 수입이 지출보다 적으면 부족분에 대한 대비책을 마련해야 한다.

출산 가방을 쌀 때는 소득현황표도 함께

아이를 낳는 수는 전보다 줄었지만 아이 한 명에게 드는 비용은 훨씬 커지고 있다. 예전처럼 다자녀를 낳는 시대가 아니고 한두 명을 낳는 시대라 아이에게 더 건강한 식품, 질 좋은 장난감을 사주다 보면 지출이 커진다. 형제나 지인에게 옷이나 장난감을 물려받는 게 좋다고 했지만 주위에 또래 아이가 많지 않으면 물려받기 힘든 것도 사실이다.

또 하나 크게 느는 지출은 외식비다. 출산 전에는 주로 식당에 가서 먹었다면 출산 후에는 배달음식을 시켜 먹는 횟수가 눈에 띄게 증가하면서 외식비가 크게 늘어난다. 태아보험도 출산 전후에 새롭게 나타나는 지출항목이다. 아이가 생기면 이동할 때 짐이 많아지기 때문에 새 차를 구입하기도 한다. 차가 없었다면 차를 마련하고, 차가 있어도 더 큰 차로 바꾼다. 예기치 못하게 쌍둥이가 생긴 경우 대형 SUV차를 마련하는 것도 이제 필수가 된 듯하다. 자동차 할부금이나 유류비, 보험료와 세금 및 부대비용 등으로 지출이 크게 늘어난다.

그렇다면 줄어드는 비용은 무엇이 있을까? 신혼 때 자주 떠났던 여행비가 있다. 아내의 고정적인 대중교통비도 줄고 영화나 공연 등의 문화생활비도 감소한다. 경우에 따라서는 여름휴가도 당분간 포기한다. 그렇지만 늘어나는 비용과 비교하면 줄어드는 비용이 그렇게 크지 않다.

아기를 만나기 위해 출산 전에 목돈을 마련해놓았지만 사라지는 것은 순식간이다. 병원비와 조리원, 산후도우미 비용으로 최소 400~500만 원이 사라진다. 빨래건조기, 젖병소독기, 청소기 등의 육아 필수품이라고 말하는 가전제품도 갖추다 보면 200~300만 원은 훌쩍 넘는다. 분유와 기저귀, 물티슈 등의 소모품도 한 달에 20~30만 원 정도다. 거기에 아기가 커갈수록 이유식을 사 먹이는 비용도 매달 30만 원이 훌쩍 넘는다. 돈을 써야 할 항목은 줄어들 기미가 보이지 않는다.

그래서 출산 전에 출산 후 수입과 지출에 대해 꼭 점검해봐야 한다. 아래 소득현황표와 자산현황표를 꼼꼼히 작성해 우리집의 현재와 미래 상황을 점검해보자. 출산 전보다 수입이 늘어나는 집은 거의 없다. 수입이 지출보다 많으면 다행일 정도다. 부족분에 대한 대책을 출산 전에 세워놓지 않으면 나중에 어려움을 겪는다. 출산 직후에는 아이 양육으로 부부가 정신없는 상황이기 때문에 시간 내서 꼼꼼히 챙기기가 어려우니 출산 가방을 쌀 때 재무상황을 꼭 점검하길 바란다.

소득현황표(남편과 아내 각각 작성합니다)

구분	급여	상여	명절	급여 외 수당	성과급	합계
1월						
2월						
3월						
4월						
5월						
6월						
7월						
8월						
9월						
10월						
11월						
12월						
합계						
평균						

자산현황표

1. 금융자산(저축, 투자, 연금 등)

상품명	금융기관	월 납입액	현재평가액	가입일	만기일	비고
적금	국민은행	60만원	360만원	19년 5월	21년 5월	
합계						

2. 부동산자산(주택, 토지, 상가 등)

사용 용도	지역	소유주	취득일	현재가	전세보증금	비고
합계						

3. 부채현황

부채 종류	금융사	원금	현재 잔액	금리	월 상환 이자	월 상환 원금
합계						

4. 보장성보험

상품명	이름	보험회사	월 보험료	가입일	납입기간	보장기간
합계						

아이 키우느라 정신 없어도 돈관리는 철저히

출산 후에 달라지는 수입과 지출 내역을 파악했으면 그 다음은 출산 후 일 년 동안 과부족을 한눈에 알아볼 수 있는 연평균 현금흐름표를 만들자. 저축이나 투자는 출산 시점에 만기가 끝나지 않은 금액만 적는다.

다음 장의 표는 출산을 앞두고 미래를 대비하기 위해 상담을 받았던 한 부부의 연평균 현금흐름표다. 이해를 돕기 위해 실제 상담했던 사례를 가져왔다. 출산을 기점으로 조정 전과 조정 후의 현금흐름을 볼 수 있다.

표를 보면 부부는 출산 후 1년 동안은 수입대비 월평균 59만 원, 연으로 합산하면 708만 원이 부족하다. 다행히 저축이나 투자를 제외한 지출이 수입보다 적기 때문에 출산 후 1년 동안 저축만 일부 줄어들 뿐이다. 아내가 출산 전에는 출산휴가를 사용하지 않고 출산과 동시에 3개월 동안의 출산휴가를 낸 후 이어서 1년 동안 육아휴직을 쓸 계획이었다. 1년 동안은 현재의 현금 흐름을 유지하면 매월 적자가 발생하므로 이에 대한 조정이 필요하다.

연평균 현금흐름표(저축 및 투자 조정 전)

수입		지출	
1. 남편 수입		1. 지출	
1) 정기수입	280만 원	1) 정기지출	280만 원
2) 비정기수입	25만 원	2) 비정기지출	60만 원
2. 아내 수입		2. 저축 및 투자	
1) 출산휴가급여	40만 원	1) 정기적금	100만 원
2) 육아휴직급여	88만 원	2) 적립식펀드	30만 원
		3) 연금저축펀드	20만 원
3. 아이 수당			
1) 양육수당	20만 원	3. 보험	32만 원
2) 아동수당	10만 원		
수입계	463만 원	**지출계**	522만 원
과부족:			- 59만 원

주) **1.** 남편 수입 중 비정기수입은 1년 동안 성과급 등 월급 이외에 지급받는 금액을 더해 1/12로 나눴음

2. 아내 수입 중 출산휴가급여는 3달 동안 받는 급여 총액을 1/12로 나눴음

3. 아내 수입 중 육아휴가급여는 9달 동안 받는 급여 총액을 1/12로 나눴음

4. 지출 중 비정기지출은 경조사비, 명절 비용 등 1년 동안 비정기적으로 지출되는 항목 전체를 더해 1/12로 나눴음

5. 1~4와 같이 연평균 방식으로 작성한 이유는 현금흐름 과부족을 월평균 수입과 월 평균 지출로 비교하는 게 용이하고 한눈에 들어오기 때문이다.

연평균 현금흐름표(저축 및 투자 조정 후)

수입		지출	
1. 남편 수입		1. 지출	
1) 정기수입	280만 원	1) 정기지출	280만 원
2) 비정기수입	25만 원	2) 비정기지출	60만 원
2. 아내 수입		2. 저축 및 투자	
1) 출산휴가급여	40만 원	1) 정기적금	100만 원
2) 육아휴직급여	88만 원	2) 적립식펀드	0만 원
		3) 연금저축펀드	0만 원
3. 아이수당			
1) 양육수당	20만 원	3. 보험	32만 원
2) 아동수당	10만 원		
수입계	463만 원	**지출계**	472만 원
과부족			- 9만 원

주) 조정 전과 같은 기준으로 작성

아이를 낳고 지출은 손댈 수 없는 상황이다. 정기적금의 만기가 출산 후 3개월이 지난 시점이라는 점을 감안해 매월 불입하지 않아도 문제가 생기지 않는 적립식펀드 30만 원과 연금저축펀드 20만 원은 석 달 동안 중단하기로 했다. 적금 만기가 되면 펀드들은 그때부터 다시 불입하면 된다. 부족한 9만 원은 비상예비자금에서 3개월 정도 충당하는 것으로 하여 조정을 마쳤다.

위 부부의 경우는 저축이나 투자 부분만 조정하면 되는 편이었다. 그러나 저축이나 투자를 제외한 지출이 수입보다 많은 가정도 적지 않다. 출산 전 수입·지출 점검을 통해 현상을 파악해서 대책을 수립해놓지 않으면 가계 재무에 구멍이 난다.

아기 키우느라 정신없는 상황에서 돈에 대한 걱정이 더해지면 아기 키우기가 더 힘들어진다. 반복해서 강조하지만 출산 준비에 신경 쓰듯이 가계 수입·지출도 치밀하게 점검하자. 이 책의 2부에서 자세히 설명하겠지만 자녀 17세 이전에 잘 준비해야 아이의 장래에 걱정이 없기 때문이다.

- 이 책 본문 마지막장에 저자 재무상담 쿠폰이 있습니다. 저자와 직접 만나 우리집 현금흐름표를 만들고 가계 재무상담을 받아보세요.

적금 들까? 연금 들까? 3인 가족의 금융상품 선택 기준

20년 넘게 상담을 하는 동안 수천 명의 내담자를 만났다. 그들은 더 나은 재테크 방법을 찾고 있었다. 안타까웠던 것은 재테크의 일환으로 선택한 금융상품이 오히려 손실을 가져왔다는 것이다. 그 금융상품을 선택하지 않았다면 돈을 늘리지는 못해도 잃지는 않았을 텐데 많은 사람들이 투자했다. 이들 대부분은 남들이 좋다고 하는 것이나 가까운 사람이 권유하는 상품을 무작정 가입했다. 그들은 자신이 어떤 금융상품에 가입한지도 잘 몰랐다. 돈을 모으려는 목적과 모은 돈이 필요한 시점에 따라 금융상품을 선택해야 하는데 상품만 먼저 보고 가입하니 대부분 실패할 수밖에 없었던 것이다.

금융상품에 투자해 성공하려면 상품의 기본 성질에 대해 잘 이해한 뒤 원칙과 기준을 세워서 투자해야 한다. 원금이 보장된다고 은행의 예·적금만 이용하는 것도 문제고, 수익률만 보고 펀드나 주식과 같은 투자상품에 올인하는 것도 문제다.

금융상품을 고를 때 가장 중요한 것은 돈을 모으려는 목적과 투자기간이다. 투자 성향에 따라 안전성과 수익성을 따지는 것은 그 다음 순서다. 한 가지 더 고려할 것은 적금처럼 목돈을 만들기 위해 사용하는 수단과 이미 만들어진 목돈을 굴리기 위해 사용하는 수단을 구분해야 한다는 것이다.

먼저 금융상품에 가입하려는 목적을 확실히 정하자. 돈을 모으는 목표가 3년 뒤 부채상환일 수도 있고 3년 뒤 내집마련 자금일 수도 있다. 무조건 돈을 모으려는 생각만으로 재테크를 하면 반드시 실패한다. 모든 금융상품에는 장점과 단점이 있다. 목표와 기간에 따라 장점이 단점이 되기도 하고 단점이 장점이 될 수도 있다. 목표를 이루기 위해 필요한 시간을 정하고 매월 저축하는 방법과 이미 목돈이 된 돈을 저축하는 방법을 다르게 생각하

자. 목표 중에는 2년 내에 해결해야 하는 단기 목표가 있고 2년에서 15년 사이에 달성해야 하는 중장기 목표도 있다. 자녀의 대학 학자금이나 노후자금 마련처럼 15년 이상의 시간이 필요한 초장기 목표도 있다.

단기 목표 금융상품: 2금융권에서 적금 들자

먼저 매월 저축해서 목돈을 모으는 경우를 생각해보자. 예를 들어 2년 뒤 전세 재계약할 때 예상되는 보증금 인상분을 마련하려 한다면 수익성보다는 원금 손실 없이 안전한 금융상품을 선택하는 것이 좋다. 금융상품 중 2년 동안 우리의 돈을 안전하게 지켜줄 금융상품은 은행의 적금 정도밖에 없다.

우리은행, 신한은행, 국민은행 같은 튼튼한 시중은행은 안전한 대신 이자율이 낮으니 이자를 조금이라도 더 주는 금융회사를 찾아보자. 농협, 수협의 단위조합과 신협, 새마을금고의 저율과세(2019년 기준, 일반적으로 이자소득에 대해서 15.4퍼센트의 일반과세를 하나 저율과세 상품은 1인당 3,000만 원 한도에서 1.4퍼센트의 농특세만 내면 된다) 상품을 이용하거나 우량한 저축은행을 찾아가면 연 1퍼센트라도 이자를 더 받을 수 있다. 예전보다 2금융권의 안정성이 많이 높아졌고 예금자보호도 강화되어서 2금융권의 예금 적금상품을 적극 추천한다.

절대 주식이나 펀드 같이 매도 시점에 원금이 손실될 수 있는 실적배당형 상품에 투자하면 안 된다. 펀드 열풍이 불던 2006년 무렵, 부족한 결혼자금을 펀드에 투자했다가 2008년 글로벌 금융위기로 펀드가 반토막이 나 곤경에 처했던 예비부부가 많았다. 강조하지만 2년 이내에 반드시 돈을 써야 하는 목표라면 이자율이 만족스럽지 못하더라도 원금을 지킬 수 있는 금융상품을 이용해야 한다.

중기 목표 금융상품: 불릴 수 있는 투자상품으로

2년 또는 3년 이후의 중기 목표를 대비하기 위해서는 적립식펀드 같은 투자상품을 이용하는 게 바람직하다. 투자상품이기 때문에 원금 손실 가능성은 있지만 지금처럼 저금리가 지속되는 상황에서는 손실의 위험이 있더라도 위험을 기술적으로 잘 관리하면서 수익을 올리려는 노력이 필요하다.

2008년 글로벌 금융위기로 펀드가 반토막이 난 경험 때문에 펀드 투자를 기피하는 사람들이 많지만 무조건 피할 필요는 없다고 생각한다. 그 당시 많은 사람이 펀드 투자에 실패한 이유는 펀드가 나쁜 상품이라서가 아니다. 펀드에 대해 잘 모른 채 남들이 좋다고 하는 상품에 '묻지마 투자'를 했기 때문이고 또한 기대수익률을 연 20~30퍼센트로 너무 높게 잡은 게 문제였다. 수익이 오를 때는 기분이 좋아서, 욕심이 나서 임의 납입까지 하며 잘 불입하다가 수익률이 떨어지자 더 떨어질까 두려워 불입을 중단하는 '역주행'을 하기도 했다. 이런 이유로 많은 사람이 아직도 펀드를 불신하거나, 원금을 보장해준다는 이유만으로 투자기간에 상관없이 은행 적금만 고수하면서 위험한 재테크를 하고 있다. 이를 위험한 재테크라고 하는 이유는 명목금액은 늘어나지만 화폐가치를 따지면 수익이 줄어드는 재테크이기 때문이다.

적립식펀드 투자는 투자기간을 여유 있게 잡고 매일 오르고 내리는 것에 상관없이 정기적립식으로 투자해 평균매입단가를 낮춰야 성공한다. 기대수익률은 은행 정기예금이자율의 2~3배 정도로 눈높이를 낮춰야 한다. 그 이상의 수익은 덤으로 생각하라. 목표수익률을 정해놓고 목표수익에 도달한 시점에 환매해 원금과 수익을 챙기면 효과적이다. 펀드에 투자한 돈은 환매하기 전까지는 수익도 손실도 확정된 게 아니다. 원하는 수익률에 도달할 때까지 기다릴 줄 알아야 한다. 2년 이상의 시간적인 여유가 필요한 이유다.

무조건 장기투자한다고 성공하는 것은 아니다. 장기투자를 하다가 목돈이 필요한 시점이 2008년의 글로벌 금융위기와 같은 폭락장과 맞물리면 헛수고다. 목표기간 중에 목표수익에 도달하면 그때까지의 원금과 수익은 환매하여 안전자산으로 옮겨놓고 매월 불입은 계속하는 게 좋다. 마이너스 상태라면 환매하지 않고 기다리면 손실이 확정되지 않는다. 시간적인 여유가 있기 때문에 가능한 투자방법이다. 10퍼센트의 이익을 얻으려면 10퍼센트의 손실을 볼 수 있다는 투자 마인드도 가져야 한다. 시중은행의 적금은 원금 손실 위험이 없는 대신 이자 수익이 물가 상승률에도 미치지 못

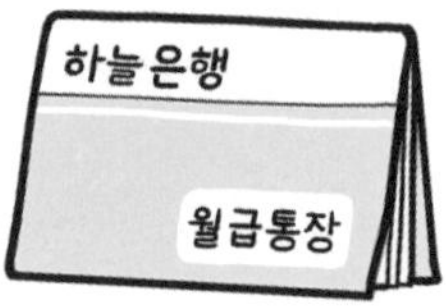

하기 때문에 실질적으로는 마이너스다. 최소한 이런 기본적인 내용이라도 알고 적립식 펀드와 같은 투자상품을 선택하면 중기 목돈 마련을 위한 투자에서 성공할 수 있다.

장기 목표 금융상품: 보험회사의 장기저축성 상품으로

장기적으로 돈을 모으기 어려운 가장 큰 이유는 살면서 여러 이유로 금융상품을 해지하는 경우가 많기 때문이다. 아이를 낳고 받은 용돈 등을 아이 등록금으로 모은다고 통장을 만들어놓고는 집을 살 때나 급전이 필요해 해지하는 경우를 많이 봤다. 통장의 이름표를 정해놓고도 긴 시간 동안 살다 보면 용처가 달라진다. 그래서 통장마다 이름표를 붙여 목표를 명확히 설정해놓으면 중간에 흔들리지 않고 만기까지 목표를 달성할 수 있다.

재무상담을 하며 일반인을 위한 장기적 목돈 관리 상품을 추천하고 싶은데 아쉽게도 한국에 출시된 장기목돈 상품은 대부분 자산가들을 위한 것들뿐이어서 적당한 상품을 제시하기가 힘들다. 그래도 그중에 추천할 만한 상품은 보험회사의 장기저축성 상품이다.

15년 이후에 필요한 목돈이라면 노후자금과 아이의 대학학자금이 있다. 이렇게 초장기적인 목표를 위해서는 보험회사 장기저축성 상품이 유리할 수 있다. 수익률이 압도적으로 높아서라기보다는 아이러니하지만 강제저축 기능 때문이다. 통장의 이름표가 바뀌지 않는 것은 덤이다.

비과세와 복리 효과는 15년보다 더 오랜 시간이 흘러야 효력이 생긴다. 유의해야 할 점은 장기상품이라도 물가상승에 따른 화폐가치의 하락을 이겨낼 수 있는 상품을 선택해야 한다는 것이다.

보험회사나 은행이 극성을 부리면서 '비과세 적금'이라고 마케팅을 하는 10년이나 15년 만기 비과세 저축보험은 피하는 게 좋다. 초기 사업비를 공제한 상태에서 공시이율(쉽게 은행의 정기예금 이율로 이해하면 된다)로 운용되는 상품으로, 10년이 지나 비과세 혜택을 본다 해도 겨우 은행 적금 정도의 효과만 볼 뿐이다. 비과세와 복리라는 말에 현혹되지 말자. 초기에 사업비를 과다하게 공제하기 때문에 현재의 이율로는 가입한 지 7~8년이 지나야 겨우 원금이 된다. 비과세나 복리라고 해도 그런 상품으로는 수익을 크게 볼 수 없다. 공시이율 상품으로는 은행 예적금과 마찬가지로 물가상승에 따른 화폐가치 하락을 이겨내지 못해 명목금액은 커지나 실질 가치는 떨어진다.

펀드에 투자해서 수익을 내는 보험회사의 변액연금도 장기목돈 상품으로 선택 가능하다. 비과세와 복리 효과 그리고 펀드 투자를 통해 최소한 물가상승률보다 높은 수익을 달성할 가능성이 높다. 변액연금에 가입한다면 불입할 수 있는 금액의 1/3만 기본금액으로 가입하고 2/3는 추가납입을 하자. 가령 매달 10만 원씩 납입하더라도 중간에 300~400만 원씩 납입하면 추가로 낸 돈에는 사업비를 덜 뗀다. 불입 가능 금액을 최소금액으로 가입하고 중간에 목돈이 생길 때마다 추가로 입금하면 사업비는 낮추고 수익률은 높일 수 있다. 변액연금은 최선이 아니라 차선의 금융상품이다. 하지만 장기 상품으로는 최선의 상품을 찾기 어렵다 보니 변액연금을 소개한 것이다.

목돈 투자는 수익보다는 위험관리가 우선이다. 단기 목표를 위해 금융상품을 선택하는 기준과 비슷하다. 중요한 것은 중기 투자를 할 때다. 중기 목돈 투자에서 우선시 해야 할 가치는 돈을 잃지 않는 것이다. 목돈의 60~70퍼센트는 예금이나 채권과 같은 안전한 상품에 투자해 원금손실 없이 연 1퍼센트라도 더 많은 초과 수익을 얻으려 노력하면 된다. 나머지 30~40퍼센트는 본인의 투자성향에 따라 펀드, ELS, ETF나 주식 등 위험자산에 투자를 해도 좋다.

돈을 모을 때와 마찬가지로 돈을 불

릴 때도 무조건 안전한 것만이 능사는 아니다. 안전자산과 위험자산에 균형 있게 투자해서 전체 자산의 평균 수익률을 최소한 은행 정기예금이자보다 1~2퍼센트 또는 2~3퍼센트 높여야 한다.

매월 일정한 돈을 저축해 1억 원을 만드는 데는 오랜 시간이 걸린다. 하지만 투자에 실패해서 1억 원이 반토막 나는 데는 그리 오랜 시간이 걸리지 않는다. 목돈 투자는 아주 신중해야 한다. 초기에 자산이 없을 때 돈을 모으는 것은 어렵지 않다. 불필요한 소비지출을 줄여 열심히 저축이나 투자를 늘리면 된다. 그렇게 모은 돈을 불리기는 생각처럼 쉽지 않다. 게다가 요즘은 금융사기도 많다. 아홉 번을 잘하다가 한 번 잘못하면 그동안의 노력은 물거품이 된다.

다시 한번 강조하지만 좋은 금융상품을 찾기보다는 먼저 목표부터 세워야 한다. 그러고 나서 목표달성 기간이나 투자성향에 맞는 금융상품을 선택하면 된다. 모두에게 좋은 금융상품이란 찾기 어렵다. 그보다 내 목표를 차질 없이 이루어줄 수단으로서 좋은 금융상품을 찾는 것이 성공적인 재테크로 가는 길이다.

2부

자녀교육비

부모의 완벽주의가 자녀의 미래를 망칠 수 있다

부부와 상담할 때마다 내담자들에게 꼭 하는 질문이 있다.

"살면서 제일 많이 지출해야 하는 재무 목표는 세 가지가 있습니다. ① 주택구입비, ② 자녀교육비, ③ 노후생활비죠. 이 세 가지 숙제를 완전하게 해결할 수 있는 사람은 극소수입니다. 보통은 세 가지 중에 두 개를 선택해야 하는데 당신은 어떤 것을 선택하고 어떤 것을 포기할 수 있나요?"

이렇게 질문하면 대부분 답하지 못한다. 중요하지 않은 게 하나도 없고 세 가지를 완전하게 해결할 수 없다는 것을 본능적으로 알기 때문이다. 이 책을 읽는 여러분은 어떤 것을 선택하고 무엇을 포기하겠는가?

세 마리 토끼 중 어쩌면 제일 중요한 것

지금부터는 세 가지 중요한 재무목표 중 자녀교육비에 대해 이야기해보려고 한다. 자녀가 공부를 잘해도, 공부를 못해도 고민이 되는 게 사교육비다. 공부를 잘하면 더 잘할 수 있도록 사교육을 시키고, 못하면 잘할 수 있기를 바라는 마음에서 사교육에 의존한다.

그런데 자녀를 둔 부모들과 상담해보면 초등학생을 둔 학부모는 유치원 때 지출한 사교육비를 아까워했고 중학생 학부모는 초등학교 시절 지출한 사교육비를 아까워했다. 여러분도 어릴 때 다닌 학원들을 생각해보라. 태권도, 웅변, 논술, 피아노, 주산, 서예, 영어, 미술, 바둑, 바이올린… 뭐든 배워두면 좋은 것들이지만 성인이 된 지금 그저 좋은 경험으로만 남는 것이 더 많지 않은가. 이 과정을 통해 운 좋게 재능을 발견해 진로를 결정했을 수도 있지만 대부분은 '이런 학원도 다녔었지' 싶은 것들이다. 과연 이러한 사교육이 꼭 필요했을까?

사교육을 시킬 때는 학원비만 나가는 것이 아니다. 바이올린을 배우면 아이 몸집에 맞는 바이올린으로 바꿔가며 구매해야 하고 콩쿠르도 준비해야 한다. 영어학원에 다니면 방학 때 해외 캠프를 가기도 한다. 태권도를 배우면 도복과 운동화, 승급 등을 위한 비용이 줄줄이 든다. 학원은 학원비 외의 수익을 내기 위해 다양한 과정과 단계별 이벤트를 마련해놓는다.

자녀가 나중에 부모를 원망할까봐 또는 또래 아이들보다 뒤처질지 모른다는 두려움은 부모의 완벽주의를 더욱 부추긴다. 교과목부터 예체능까지 모든 것을 교육시키는 것은 불가능하다. 특히 보육에서 교육으로 넘어가는 시기가 되면 사교육비 지출은 차원이 달라진다. 자칫하면 감당할 수 없게 된다. 이른 시기에 하는 좋은 경험은 아이에게 영향을 미치겠지만 남들이 다 하니까, 꼭 필요한 것 같아서, 몇 세 이전에 시작해야 한다, 전인교육이다 뭐다 해서 남들이 강력추천하니까 하는 등 모든 사교육을 다 시키는 것은 위험하다.

4차 산업혁명 시대라고 많이들 얘기한다. 하지만 구체적으로 우리의 삶을 어떻게 바꿔놓을지는 사실 아무도 예측하지 못한다. 4차 산업혁명이 어떤 속도로 우리 삶에 다가올지, 우리의 운전면허증은 언제쯤 쓸모가 없어질지, 내가 하고 있는 이 일이 언제쯤 기계로 대체될지 알 수 없다. 현재의 인재상이 미래에는 통하지 않을 것이라는 것쯤은 누구나 알고 있다. 부모 시대에 통하던 성공 방정식이 자녀가 성인이 되었을 때 통하지 않을 것이라는 것은 이제 보편적인 상식이 된 듯하다. 지금 많은 시간과 돈을 들여 배우는 외국어도 미래에는 어쩌면 작은 기계 하나로 해결할 수 있는 번거로움에 지나지 않을 수 있다.

그럼에도 부모의 불안감을 자극하는 사교육 시장의 마케팅에 부모들은 번번이 지고 만다. 가뜩이나 가벼운 통장에서 돈을 꺼내 사교육 시장에 바치고 있는 것이다. 누가 통장에서 돈을 좀 더 많이 꺼내고 누가 좀 덜 꺼내는가는 차이가 있겠지만 부모가 힘들게 번 돈이 사교육 시장으로 흘러 들어가는 것은 변함없는 사실이다. 시장의 주도자는 배를 불리고 시장의 참여자는 점점 가난해진다.

계획 없이 사교육비를 지출하면 이후에 자녀가 고통을 짊어질 수 있다. 왜일까? 바로 대학학자금 때문이다. 대학교육비가 왜 중요한지 지금부터 살펴보자.

왜 대학학자금은 준비하지 않을까

어느 가정이든 한 아이의 교육을 위해 사용할 실탄은 한계가 있다. 특히 자녀교육비 중에 가장 목돈이 드는 부분은 바로 대학학자금이다. 이를 미리 준비해놓아야 하는데 문제는 아이가 중학생이 되면서부터는 대학학자금을 준비하기가 정말 어렵다는 것이다. 돈을 모으는 것은 시간과 수익률에 비례하는데, 비교적 시간적인 여유가 있을 때 눈앞에 닥친 사교육비 지출에만 매몰되면 대학학자금을 저축할 골든타임을 놓쳐버린다.

대학 시절이나 사회초년생 시절에 학자금 대출 상환 때문에 고통을 겪은 적이 있는가? 또는 직접 겪지는 않아도 친구나 지인이 어려움을 겪는 것을 본 적이 있는가? 어린 시절 남부럽지 않게 사교육을 다양하게 경험하고 정작 대학에 가서는 학자금 대출을 받아야 했을 때 어떠했는가? 차라리 부모님이 매달 10여만 원씩 나가는 돈을 저축해서 대학학자금을 마련해주셨다면 시험기간에도 학비를 벌기 위해 편의점 아르바이트를 하지 않아도 됐을 텐데, 하고 생각하지는 않았는가?

대학학자금, 왜 중요할까?

대학학자금 문제는 생각보다 크다. 다음 장의 그래프를 보자. 자녀 나이가 17세, 즉 고등학생이 되는 시점을 분기점으로 수입과 지출이 역전된다.

자녀 나이 17세 이전에는 대부분의 가계가 지출보다 수입이 많다. 이때는 하고 싶은 것을 웬만큼 다 하면서 살 수 있는 시기다. 단 내가 하고 싶은 것이 많아 지출이 많아지면 그만큼 저축이 줄어들거나 없어진다. 하지만 17세가 지나면서 지출이 수입보다 많아진다. 이때는 하고 싶은 것을 마음껏 하지도 못하고 저축하는 것도 어려워진다.

그러다가 자녀가 대학에 진학하면 교육비로 학기마다 목돈이 푹푹 나간다. 숨이 턱턱 막힌다. 17세 이전에 꼭 필요한 사교육비만 지출하고 여윳돈을 대학학자금을 위해 저축했다면 다행이지만 그러지 않았다면 비상금이나 다른 용도로 모아놓았던 목돈을 헐어 등록금을 내야 한다. 또 대학을 졸업했어도 취업을 위한 학원비나 자격증 준비 등 미처 생각지도 못한 성인 사교육비도 많이 들고 있다.

또 그 시점이면 연로해가는 부모님의 잦은 병원 출입으로 치료비와 간병 비용이 늘어나는 이중고를 겪는다. 17세 전후의 자녀를 둔 나이대의 부부는 자녀와 부모 그리고 배우자의 부모님까지 3세대 4가구를 부양해야 한다. 이래저래 지출이 폭발적으로 늘어날 수밖에 없다.

늦어지는 결혼과 출산, 그리고 빨라지는 퇴직

또 다른 문제가 있다. 요즘 서울이나 수도권에는 35세 남녀의 미혼율이 50퍼센트 가까이 된다. 남성은 부양에 따른 책임감으로,

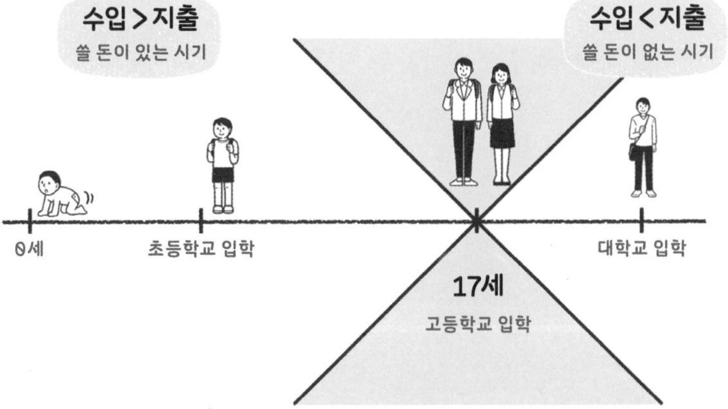

자녀 성장에 따른 재무 라이프사이클 그래프

여성은 경력 관리 문제로 늦게 결혼해 늦게 아이를 낳는다. 그렇다면 35세에 결혼했다고 가정해보자. 바로 아이를 가져 36세에 아이를 낳았다면 자녀 나이 17세에 부부는 53세가 된다.

문제는 여기서부터 생긴다. 지출보다 수입이 많아지는 시기에 고용이 불안해진다. 거칠게 말하면 회사에서 잘린다. 교사나 공무원이라면 안심되겠지만 일반 사기업에 다닌다면 언제 회사를 그만둬야 할지 모르는 예측불허의 시기다. 정년은 60세라고 하지만 대부분의 회사는 그 이전에 어떤 방법을 동원해서라도 고임금 근로자를 해고하려고 눈에 불을 켠다. 고위급 관리자의 수는 줄고 그 자리를 차지하지 못하면 사라지게 마련이다.

대개는 직장을 잃기 직전의 수입이 가장 많다. 30대나 40대에 전직을 하는 경우를 의미하는 게 아니다. 안정적으로 나이와 직급에 걸맞은 대우를 받으면서 다니던 직장을 말한다. 그 이후에는 취업도 힘들 뿐더러 막상 취업을 해도 대부분 이전 직장만큼의 급여를 받지 못한다. 자영업은 말할 것도 없다.

자녀에게 학자금 대출 부담을 안기고 싶은 부모는 세상 어디에도 없다. 하지만 자녀가 어릴 때, 눈앞의 지출에만 신경 쓰다가 목돈이 드는 자녀의 대학학자금을 마련하지 못하거나 대학 학비를 지출하는 시점에 직장마저 잃는다면 이때는 자녀가 학자금 대출을 받는 방법 말고는 다른 방법이 없다.

불안정한 부모님의 노후

재무상담할 때 대학학자금 대출 상환부터 하는 젊은 친구들을 보면 우려되는 점이 하나 더 있다. 바로 부모의 노후준비가 안 되어 있을 가능성이 크다는 사실이다. 본인의 노후자금을 확보하느라 자녀에게 대출을 받게 하고 학자금도 직접 갚으라고 하는 부모는 거의 없다. 충분하지는 않지만 어느 정도 상환 능력이 있는데 일시적으로 목돈 마련이 어려워 대출을 받았다면 대출 이자는 물론 원금까지 부모가 갚는 게 일반적이다. 자녀가 직접 대출 상환을 한다는 사실은 그만큼 부모의 현재 자산이나 노후자금이 충분하지 않다는 것을 말해준다.

우리는 대부분 결혼 후 20~30년 동안 자산을 축적하고 퇴직 후 사망하기 전까지 약 30~40년 정도는 일정한 소득 없이 지출만 한다. 그러나 이러한 현실을 막연하게 인지할 뿐, 당장은 자녀 사교육비나 대출원리금 등 눈앞에 급한 것을 처리하느라 바쁘다. 결국 돈을 모을 골든타임을 놓치고 마는 것이다.

학자금 대출에 발목잡힌 20대

2016년 〈EBS 다큐프라임〉 프로그램에서 '공부의 배신'이라는 제목으로 3부작 다큐멘터리를 방영했다. 시청하면서 공감이 많이 갔지만 아이들을 생각하니 보는 내내 마음이 아프고 불편했다. 재무전문가로서 안타까움도 컸다.

방송에는 사립 명문대에 입학한 두 청년이 나왔다. 대학교에 진학하기 위해 애를 쓴 부분은 생략되어 있었고 방송 당시 휴학생과 취준생으로 악전고투하며 살아가는 모습이 그려졌다.

성균관대 휴학생인 김 양은 어린 시절부터 가정 형편이 어려웠다. 지방에서 서울로 유학을 온 그녀는 학비는 물론 주거비며 생활비를 벌기 위해 영화관 매표소 등에서 각종 아르바이트를 하고 있었다. 그녀의 꿈은 자기처럼 형편이 어려운 사람들의 편에서서 세상을 바꾸는 사회학자가 되는 것이다. 그러기 위해서는 대학원까지 진학해야 하지만 그녀의 현실은 녹록치 않았다. 월 22만 원의 고시원에 살면서 하루 만 원으로 생활하는 그녀는, 한창 맛있고 새로운 것을 즐기고 싶어 하는 때임에도 김밥이나 라면으로 끼니를 때우고 친구도 만나지 못했다.

서강대 졸업생이자 취준생인 한 군 역시 가정형편이 어려워 부모님으로부터 도움을 받지 못했다. 명문대에 입학했지만 학자금 대출로 시작한 그의 대학생활은 아르바이트의 연속이었다. 친구들은 취직을 위해 인턴이나 해외연수를 하며 각종 스펙을 쌓는데 반해 그는 공부를 하기 위해 아르바이트를 해야 했고 학교생활 내내 아르바이트를 하다 보니 공부나 취업 준비를 할 시간이 없었다. 틈틈이 취직 준비를 했지만 자기소개서를 채울 만한 스펙은 없었다. 결국 취업에 실패해 보증금 100만 원에 월세 20만 원의 자취방을 빼서 고향집으로 내려갔다.

위 두 사람의 사례는 특별하지 않다. 우리 주위에서 흔히 볼 수 있는 경우다. 사랑하는 자녀가 바람대로 명문대에 진학했지만 학비 마련이나 생활고로 그 꿈을 펼치지 못하기를 바라는 부모는 아무도 없을 것이다. 지금부터 자녀의 먼 미래를 대비해 계획을 잘 세워 준비하지 않으면 나의 딸과 아들도 어려움을 겪을 것이다.

대학학자금, 얼마나 필요할까?

보통은 자녀를 대학까지 진학시키려고 한다. 하지만 대학학자금과 주거비, 생활비가 얼마나 드는지 체계적으로 따져서 준비하는 사람은 극소수다. 대학교육비는 예상하는 것보다 큰돈이 든다. 목돈을 1~2년 만에 준비하기는 어려우니 아이가 어렸을 때부터 긴 시간을 투자해 대학학자금을 준비해야 한다.

먼저 대학학자금이 얼마나 들지 예상해보자. 2018년 4월 30일 교육부와 한국대학교육협의회가 발표한 '2018년 대학정보공시 분석 결과'에 따르면 4년제 일반대 학생 한 명이 부담하는 연간 평균 등록금은 671만 1,800원이라고 한다. 계열별로는 의학계열이 963만 원으로 가장 높고 그다음 예체능이 779만 원, 인문사회계열은 597만 원 선이다. 등록금 이외에 교재비나 용돈도 필요

하고 통학이 불가능할 경우에는 기숙사비나 주거비를 포함한 생활비도 든다.

학교나 전공에 따라, 그리고 기타 여건에 따라 변수가 많으므로 현재 돈의 가치로 연평균 1,000만 원씩 4년 동안 4,000만 원이 필요하다고 단순하게 가정하자. 지금 아이가 3살이고, 연평균 물가상승률을 3퍼센트라고 가정하면 17년 뒤에 아이가 대학에 갈 때는 4년 동안 약 6,600만 원의 대학학자금이 필요하다. 연간으로 따지면 1,650만 원에 달하는 큰 금액이다. 대학학자금을 준비해놓지 않은 상황에서는 연간 1,650만 원의 지출을 감당하기 어렵다.

대학학자금을 아이가 고등학생인 3년 간 준비하는 것과 3살부터 시작해 17년간 준비하는 것의 차이를 살펴보자. 적금이율이 연 2.20퍼센트라고 가정할 때 6,600만 원을 3년간 준비하면 매월 179만 원씩 저축해야 한다. 반면 아이가 3살 때부터 17년간 준비하면 매월 28만 원을 저축하면 된다. 어떤 선택을 하겠는가? 아이가 어릴 때 준비를 시작하면 학원 한두 개 보낼 정도만 따로 떼어 놓으면 되지만 고등학생 때 시작하면 매월 179만 원씩 저축해야 한다. 사교육비를 비롯해 다른 지출도 많을 때인 것을 감안하면 불가능에 가까운 금액이다.

게다가 이 시기 정도 되면 우리나라의 고용 현실에 비춰 볼 때 대부분 외벌이로 전환되고 그 외벌이마저도 불안해진다. 많은 학생이 학자금 대출을 받고, 학비를 버느라 휴학을 반복하며 공부와 취업준비에 집중하지 못하는 상황에 내몰리는 이유다. 미래를 대비하지 않고 현재에만 집중하면 대부분 다 겪는 일이고 그때는 후회해도 소용없다.

대학학자금, 그때 되면 어떻게 마련하겠지? 큰일날 소리

《내 통장 사용설명서》 등 내가 쓴 책들이 사회초년생에게 많이 읽혔기 때문에 젊은 친구들이 상담을 받으러 제일 많이 온다. 어려운 취업 관문을 뚫고 입사에 성공했다는 기쁨도 잠시, 이제부터 갚아나가야 할 학자금 대출 때문에 대부분 부담을 느끼고 있었다. 친구들은 긍정적인 마음으로 미래 계획을 세우는데 자신은 대출금부터 갚아야 하는 상황이 마음을 짓누르는 것이다.

가뜩이나 돈 때문에 서울과 수도권의 미혼율이 50퍼센트에 육박하는데 희망찬 미래를 설계하기에 앞서 부채부터 해결해야 하는 젊은 친구들의 모습을 보면 마음이 아프다. 한두 학기 정도만 대출금을 받은 청년은 그나마 사정이 나았다. 4년 내내 학자금 대출을 받으면서 공부한 청년의 부담은 더욱 컸으며 그들의 수가 적지도 않았다.

그런 친구들에게 초, 중, 고등학교 때 지금 생각하면 꼭 필요하지 않은 사교육을 얼마나 받았는지 물어본다. 대부분은 특히 초등학교 시절에 받았던 사교육에 대해서 부정적이었다.

"부모님이 그 시절에 불필요한 사교육비를 지출하는 대신 저축을 해서 대학등록금을 준비해 학자금 대출을 받지 않았다면, 그래서 학비나 생활비를 벌기 위해 아르바이트를 하는 대신 공부에만 전념했다면 지금 어떤 모습일 것 같습니까?"라고 질문하면 대부분 지금보다 더 좋은 직장에 취업했을 거고 좀 더 희망적으로 미래를 설계할 수 있을 거라며 아쉬워한다.

정확한 통계는 아니지만 그동안 상담을 한 사회초년생들을 살펴보면, 학자금 대출을 받지 않은 청년이 4년 내내 학자금 대출을 받고 생활비를 벌기 위해 휴학과 복학을 반복하며 아르바이트를 계속했던 청년보다 상대적으로 더 좋은 직장에 들어갔다. 장기적인 시각을 가지고 사교육을 합리적으로 설계해 불필요한 사교육 비용을 줄이고 대학학자금을 우선적으로 저축하는 것이 자녀의 미래 직장의 질까지 좌우한다(사교육비 줄이는 방법에 대해서는 다음 장에서 구체적으로 설명하겠다).

대학학자금,
미리 준비할수록
유리한 이유

자녀가 17세가 되기 전까지 돈을 모을 수 있는 골든 에이지는 세 번이다. 세 번 찾아오는 골든 에이지를 잘 사용하면 자녀 나이 17세 이후가 편안해지지만 이 중에 한 번이라도 놓쳤다면 그만큼 힘들어지니 정신을 바짝 차려야 한다. 책을 읽는 바로 지금, 그중의 한 시기를 놓쳤다면 마음을 단단히 먹고 나머지 기간에 더욱 노력해야 한다.

늦었다고 생각할 때가 가장 빠르다고 했다. 걱정만 하며 시간을 또 놓치기보다는 지금 당장 제대로 된 계획을 세워 실천해보자. 그러면 자녀 나이 17세 이후가 조금은 덜 고달플 것이다. 세 번의 골든 에이지를 잘 관리했다면 재정적으로나 심적으로 여유가 생길 것이다.

1st 골든 에이지: 아이가 태어나기 전

돈을 적극적으로 가장 많이 모을 수 있는 첫 골든 에이지는 아이를 낳기 전, 3인 가족이 되기 직전까지다. 부부의 소득이 합쳐져 수입이 느는 시기다. 이때 돈을 모아야겠다는 목표의식이 희박하고 소비 위주로 생활하면 위험하다. 많은 부부가 결혼을 하면 수입이 늘어난 만큼 지출도 덩달아 늘어 1차 재테크 암흑기를 겪는다. 저축이 습관이듯 소비도 습관이다.

이 시기의 무분별한 소비 습관이 3인 가족이 되어서까지 이어지는 것을 미리 막으려면 마음을 단단히 먹어야 한다. 소비에 대한 느슨함을 조이고 유혹은 이겨내서 재테크 암흑기의 덫을 피해야 한다.

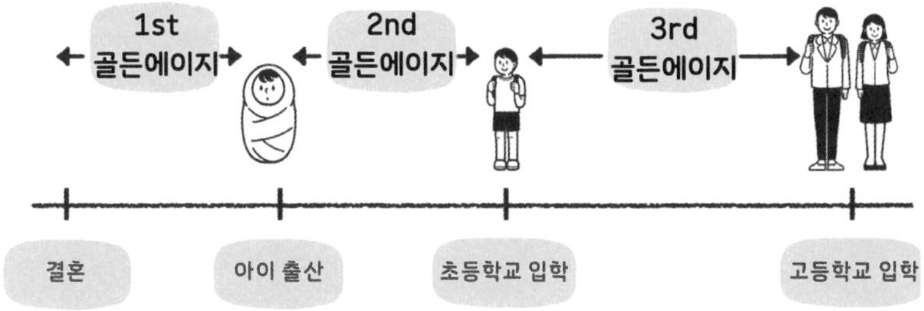

부부가 돈을 모을 수 있는 세 번의 골든 에이지

2nd 골든 에이지: 초등학교 입학 전

둘째 골든 에이지는 자녀가 초등학교에 입학하기 전까지다. 이 시기에 가장 큰 걸림돌은 사교육비를 포함한 각종 체험활동에 드는 비용이다. 사교육이나 체험활동이 아이가 성장하면서 전혀 도움이 되지 않는다고 말할 수는 없겠지만 여기에 지출되는 비용이 너무 많다는 것이 문제다.

출산부터 초등학교 입학 전까지는 생각하기에 따라서 사교육이 별로 필요하지 않은 시기다. 건강하게 크는 게 제일 중요하다. 요즘 초등학교는, 아이들이 한글이나 기본적인 숫자 개념을 익히고 입학한다는 것을 감안하여 수업을 진행하기 때문에 학교 수업을 따라갈 정도의 기본 학습만 익히게 하면 된다.

특히 어린 나이에 다양한 경험을 한다는 것이 부모의 기대만큼 대단한 것이 아닐 수 있다. 나의 경우 큰아이가 네 살 때 하와이에 갈 기회가 있었다. 아이를 부모님께 맡기고 가도 되는 상황이었지만 우리 부부는 아이에게 좋은 경험이 될 거라 생각하며 아이를 데리고 갔다. 여느 부부와 마찬가지로 눈에 넣어도 안 아픈 아이였고 하와이에서는 신나게 잘 놀았기에 비용에 대한 생각은 잊었다.

시간이 흘러 고등학생이 된 첫째와 하와이에 함께 갔던 이야기를 나누는데 황당하게도 하와이를 간 것조차 기억하지 못했다. 그 여행이 아이가 성장하면서 어떤 긍정적인 도움을 줬는지, 아니면 아무런 역할을 하지 못했는지 증명할 길은 없다. 하지만 큰마음 먹고 떠난 여행이 아이에게는 기억조차 남지 않는 일이라니 허탈했다. 기억조차 못 할 아이를 데리고 비싼 비용을 지불하며 하와이를 다녀온 것은 다시 생각해도 낭비였다는 확신이 든다. 그 시기에 아이에게 멋진 경험을 선사해주겠다는 마음은 욕심이었다.

물론 사교육을 전혀 안 시킬 수는 없다. 다만 사교육비는 초등학교, 중학교, 고등학교까지 필요하고 심지어는 대학교나 대학 졸업 이후에도 지출할 수 있기 때문에 계획이 필요하다는 것이다. 시기별로 꼭 필요한 사교육을 선정해 분수에 맞게 꼭 필요한 교육만 시키자. 남들과 비교하고 불안한 마음에 이것저것 무턱대고 시키다가는 자녀 나이 17세 이후에 크게 후회한다. 만약 맞벌이 부부의 직장 때문에 사교육을 시킬 수밖에 없다면 계획적으로 시키고 지속가능성을 염두에 두는 것이 좋다.

사교육비, 어떻게 줄일까

사교육에 정답은 없지만 아이가 클수록 가정경제에 막대한 지출을 차지하는 부분이기에 처음 사교육을 시작할 때 마음을 단단히 먹어야 한다. 사교육이 주(主)가 돼서는 안 되며 보조라는 마음가짐으로 시켜야 한다.

최소한 아이가 몇 살쯤 어떤 사교육을 할 것인지 방향을 세워놓고 아이를 키운다면 사교육 광고나 동네 분위기에 휩싸이지는 않을 것이다. 가령 피아노는 몇 살 때, 태권도는 1학년 때, 발레는 5살 때 등 꼭 시키고 싶은 사교육이 있다면 계획을 세워놓자. 이럴 때 육아선배들의 경험담도 도움이 될 것이다.

보통 첫 아이를 키울 때는 음감도 있어야 할 것 같고 운동신경도 키워야 할 것 같고, 영어 귀도 일찍 틔여놔야 할 것 같고, 지능이 좋아지게 바둑 같은 것도 시켜야 할 것 같고 마음이 바쁘다. 그래서 예체능을 기본으로 다 시키는데 실제로 중간에 싫증내서 그만두는 경우가 대부분이다. 남들이 하니까 하는 그런 사교육은 지양하고 내 아이가 흥미 있고 진짜 배우고 싶어할 때 시켜야한다.

사교육비를 아껴야하는 것은 알겠는데 어떻게 줄이지가 막연하다. 생각의 전환이 먼저 필요하다. 초등 사교육의 1원칙은 가성비다. 최소한 초등학교 저학년 때까지는 기본적으로 돈을 적게 들이고 할 수 있는 방법부터 찾아서 시키는 게 좋다. 영어는 요즘 책과 교구, 인터넷 사이트나 유튜브 등이 잘 돼 있어서 마음만 먹으면 엄마표 아빠표로 기본은 할 수 있다. 또 자치단체 도서관을 이용하면 무료수업도 많이 열린다.

예체능은 학교 방과 후 수업이나 집 근처의 주민센터와 복지관, 청소년수련관, 문화센터 등의 저렴한 지역 교육과정을 활용하자. 비용도 3개월에 10만 원 내외로 저렴하다. 초기에는 이런 교육 시설을 이용해보다가 아이가 재능이 있거나 전문적으로 배우고 싶을 때 그때 더 투자하면 된다.

수학은 초등학교 저학년까지는 학습지로 충분히 기본기를 닦을 수 있다. '비싸면 제값을 하겠지'가 아니라 굳이 적은 비용이나 돈을 들이지 않고도 비슷한 효과를 얻을 수 있는데 돈을 쓰는 것은 낭비라는 생각을

먼저 가져보자. 많이 달라질 것이다.

물론 돈을 절약하는 만큼 부모 손이 더 많이 갈 것이다. 친구들이 이런저런 다양한 학원에 가는 동안 도서관이나 문화센터에 함께 가고, TV나 유튜브를 보는 대신 책을 읽는 환경을 조성해주는 등 통장에 돈이 모이는 만큼 부모가 아이의 빈 시간을 채우는 노력은 해야 한다. 나중에 등록금 때문에 아이가 고생하지 않도록 지금 부모가 약간의 수고를 한다고 생각하자.

전업 주부는 주변 엄마들과 교류가 많다보니 정보가 많이 생긴다는 장단점이 있다. 또래 친구들이 다 다닌다고 해서 우리 애도 보내는 경우가 생긴다. 모두 주변 엄마들과 함께하기보단 내 아이의 흥미와 집안 사정에 맞게 꼭 필요한 것만 예산에 맞게 지출하자.

맞벌이 엄마는 부모가 퇴근하는 시간까지 아이들이 시간을 보내야 하고 부모가 지쳐 있기 때문에 어쩔 수 없이 사교육에 의존하는 경우가 많다. 하지만 수입의 여유가 있어서 더 비싼 사교육을 시키는 폐단이 있으므로 이를 경계하는 게 핵심이다.

사교육은 하면 할수록 더 시킬 게 눈에 보인다. 때문에 적당한 선에서 멈출 수 있는 결단력이 가장 중요하다.

3rd 골든 에이지: 고등학교 입학 전

마지막 골든 에이지는 초등학교 입학 후 자녀가 고등학교에 진학하는 17세까지다. 3인 가족과 상담을 하다 보면 초등학생 자녀의 사교육을 과다하게 시키는 부모도 있고 아이가 좋아하는 취미활동 이외에는 전혀 사교육비를 지출하지 않는 부모도 있다. 아이를 키워본 입장에서는 후자의 부모가 더 현명하다고 생각한다.

불필요한 사교육을 시키는 대신 저축을 한다면 아이가 사교육이 꼭 필요한 시점에 여유로울 가능성이 높다. 아이의 미래를 체계적으로 짚어보면 사교육에 대해 현명하게 선택할 수 있을 것이다. 두루뭉술하게 예측하기 때문에 꼭 필요치 않은 사교육을 많이 시키는 것이다.

특히 첫째 아이에게는 더 그렇다. 3인 가족에서 4인 가족으로 넘어가면 양상이 조금 달라진다. 둘째에 대한 사교육비 지출은 현저히 줄어든다. 첫째를 키우면서 시행착오를 겪었기 때문이지만 더 파헤쳐보면 둘째에게까지 사교육비를 과도하게 지출할 여유가 없어서이기도 하다.

요즘 학부모들은 자신의 친구보다 아이 친구의 부모를 더 자주 만난다. 그들과 협력해서 정보를 얻고 사교육팀을 꾸리기도 한다. 그러다 보니 폐단이 있다. 아이 친구가 사교육을 시작하면 불안감에 우리 아이도 시켜야 할 것 같은 조바심이 드는 것이다. 그러다 보면 어느새 내 아이도 친구와 같은 사교육을 받고 있다.

네트워크 유지 때문에 아이 친구의 부모를 만나더라도 사교육에 대한 조언은 고등학생이나 대학생 자녀를 둔 부모로부터 얻는 것이 좋다. 그들의 아이들은 우리 아이의 경쟁상대도 아니고 이미 많은 시행착오를 겪어봤기에 무엇이 필요하고 필요치 않은지 비교적 사심 없이 진심을 담아 알려준다.

아이가 중학교에 입학하면 사교육의 양상이 달라진다. 예체능이나 체험활동이 아니라 철저하게 교과 중심으로 바뀐다. 초등학교 때보다는 이 시기에 사교육이 더 필요할 수 있다. 이때는 아이가 학과과정을 못 따라갈 수도 있기 때문에 부족한 부분은 사교육의 도움이 필요하다. 부모가 아이의 부족한 부분을 직접 가르치면 더할 나위가 없겠지만 요즘 중학교 교과과정은 난이도가 높아 부모가 가르치기 어렵다. 게다가 득도하지 않는 한 자기 아이를 앉혀놓고 가르치기란 정말 어렵다. 아이와 원수가 되기보다는 적당히 사교육을 이용하는 것도 괜찮다.

초등학교 입학 전에는 사교육이 별로 필요 없지만 초등학교 고학년과 중학생이 되면 사교육비가 꼭 필요하다. 꼭 필요한 교육만 취사선택해서 시키고 남은 여윳돈은 자녀 나이 17세 이후를 대비해 적극적으로 저축해야 한다.

사교육 없이 이 시기를 보내면 좋겠지만 그것이 가능한 가정은 극소수일 것이다. 사교육을 시킬 수밖에 없다면 당장이 아니라 미래까지 내다보고 사교육비를 잘 설계해야 한다.

다시 한번 말하지만 자녀교육비 지출은 이 시기에 끝나지 않는다. 아직 한참 더 남았다. 자녀교육비에 대한 계획적인 지출 여부가 마지막 골든 에이지의 흥망을 가른다. 이 시기를 지나면 더 이상 저축할 수 있는 시간이 없다.

대학학자금, 이름표가 바뀌지 않는 장기저축성 상품으로

자주 금융기관에 방문하며 돈관리에 능한 사람들은 자신에게 적합한 금융상품을 잘 찾을 수 있지만 그렇지 않은 사람들은 장기성 저축이나 투자상품을 찾기가 매우 어렵다. 이런 어려움에 처한 사람들을 위해 장기 목돈을 마련할 수 있는 효과적인 방법을 소개한다. 특히 자녀의 대학학자금 마련에 집중해보자.

현재 자녀의 대학 입학까지 2~3년이 남았다면 다른 선택은 없다. 고민할 필요 없이 적금만 잘 이용하면 된다. 한편 시간적인 여유가 있다면 장기저축상품을 준비하되 주의할 점이 하나 있다. 자녀가 어릴 때 좋은 뜻으로 금융상품을 개설했더라도 아이가 클 때까지 꾸준히 이어가기가 쉽지 않다는 점이다.

적금이나 적립식 펀드는 자녀의 대학학자금 용도로 가입해놓고 중간에 병원비나 다른 용도로 쓰게 되는 등 통장의 이름표가 바뀔 가능성이 높다. 만기 후나 환매 후에 다른 급한 목적에 사용되면서 이름표가 바뀌기도 한다. 예를 들어 새 아파트를 사고 주택담보대출을 받았다면 대출 이자 나가는 게 아까워 자녀 학자금으로 모으고 있는 돈을 대출 원금을 상환하는 데 써서 이자 비용을 줄이는 것이다.

계산적으로는 현명해 보이지만 자녀의 학자금은 그동안 투입했던 시간비용도 함께 사라져 버린다. 다시 저축을 시작해도 시간을 잃었기 때문에 매월 더 많은 금액을 저축해야 한다. 늘어난 저축액에 대한 부담 때문에 저축을 미루거나 중단하는 경우도 비일비재하다.

이런 위험에 대비하려면 자녀 대학학자금이라는 이름표가 중간에 대출상환금 등으로 바뀌지 않을 상품을 선택하는 게 좋다. 그런 상품으로는 대학 학기마

다 등록금을 중도 인출할 수 있는 보험사의 장기저축상품이 그나마 적합하다. 수익률이 좋다는 이야기는 아니다. 12년 이상 불입하면 비과세 효과를 감안해 은행의 정기적금 수익률과 비슷한 정도다. 그럼에도 이 상품을 추천하는 이유는 강제저축을 할 수 있기 때문이다.

이는 사람이 돈에 대해 갖는 심리에서 비롯한 것인데, 보험사의 장기저축상품은 요즘 이율로 7~8년을 불입해야 원금이 된다. 예를 들어 5년을 불입한 시점에서 급하게 돈이 필요해 이 상품을 해지하려고 하면 원금의 80퍼센트 수준밖에 받을 수 없다. 정말 급한 경우가 아니라면 누구나 원금손실회피 심리가 있기 때문에 이 상품을 해지하지 않고 비자발적 장기투자로 이어진다.

원금을 찾을 수 있는 시점에서는 이미 목돈이 되어 있고, 조금만 더 참으면 비과세 혜택을 볼 수도 있다. 그때부터는 이자도 눈으로 확인할 수 있고 복리 효과도 있기 때문에 목표한 시점까지 계속 내게 된다. 따라서 푼돈을 넣어 목돈으로 만들어 사용할 수 있는 상품으로 보험사의 장기저축상품이 가장 적절하다고 할 수 있다.

매월 10만 원을 10년간 불입하면 10년 후에 1,200만 원에 이자가 더해지고 20만 원을 불입하면 2,400만 원에 이자가 더해진다. 이름표만 바뀌지 않으면 자녀의 대학학자금 목적으로 유용하게 쓸 수 있으며 등록금을 낼 때마다 중도인출해서 사용할 수 있다.

이런 보험사의 장기저축상품에 가입할 때는 추가납입제도를 잘 활용해야 한다. 보통 기본불입금액의 사업비는 12퍼센트 내외이지만 기본불입금액의 200퍼센트까지 허용하는 추가납입금액은 사업비가 2.5퍼센트 이내다. 요즘은 추가납입금액에 대해서는 사업비를 제하지 않는 상품도 있다.

매월 30만 원을 자녀 대학학자금으로 적립하려면 월 10만 원은 기본가입금액으로 설정하고 20만 원은 추가납입하자. 그래야 수익률이 훨씬 높다. 이런 방법은 가입자에게 절대적으로 유리하다. 기본가입금액에 대해서도 사업비를 대폭 낮춘 상품이 출시되고 있으니 꼼꼼히 잘 따져서 가입하자.

아이, 부모님께 맡길까 말까

얼마 전 사립유치원 비리 문제로 부모들이 속을 태웠다. 국가 지원금이 아이에게 가는 게 아니라 일부 몰지각한 사립유치원 원장의 호주머니로 들어갔기 때문이다. 감자볶음 대신 감자과자가 식판에 올랐고, 비리가 심해질수록 아이의 식사는 부실해졌다. 부담하지 않아도 될 유치원 운영자금을 학부모가 부담하고 있는 것은 아닌지 의심이 생겼다.

보육환경이 열악한 우리나라에서 보육문제는 아이를 둔 엄마, 아빠 들의 가장 큰 관심사이자 해결하기 어려운 문제다. 2인 가족에서 3인 가족이 될 때 보육문제는 늘 부부의 발목을 잡는다. 무엇보다 아이를 보육시설에 맡겨놓고 안심할 수 없다는 게 가장 큰 문제다. 아이를 안심하고 맡길 부모님이 있다면 다행이지만 그마저도 없다면 비싼 양육도우미를 고용해야 하는데 비용이 큰 부담이다. 퇴근 시간까지 아이를 돌봐줄 보육시설을 찾기도 어렵다.

육아와 직장의 갈림길에서

상담을 받으러 오는 맞벌이 부부의 열에 아홉은, 아니 거의 모두가 아이 보육에 대해 고민하고 있었다. 보육에 대한 고민의 크기나 종류는 조금씩 다를지라도 말이다. 안전한 보육시설이나 보육에 대한 경제적 해결책이 마련되지 않으면 이들은 원치 않게 외벌이 3인 가족을 선택해야 했다. 그러다 보니 경제적으로 빠듯해지는 경우가 정말 많았다.

결혼 3년차에 아이를 낳은 30대 중반의 부부는 육아휴직 전 맞벌이 수입이 약 600만 원이었고 복직한 시점에서도 수입에는

큰 차이가 없었다. 상담을 받으러 온 것은 육아휴직이 끝나고 복직을 앞둔 시점에서 아이 맡기는 문제 때문에 고민이 됐기 때문이었다.

가장 큰 고민은 아이를 안심하고 맡길 곳을 찾는 것과 그에 따른 비용이었다. 친정 부모님이 가까이 사시지만 아이를 맡아달라고 부탁드리는 것은 죄송했고, 보육시설에 맡기자니 아이가 너무 어렸고 또 불안했다. 사기업에서 일하는 부부의 퇴근 시간을 따져보니 보육시설에 맡기는 것은 더욱 불가능했다.

대안으로 육아도우미를 알아보았는데 월비용이 180만 원 내외였다. 복직해서 220만 원 정도의 월급을 받는 아내 입장에서는 상당히 부담스러웠다. 이럴 바에는 복직을 포기하고 아이가 클 때까지 육아에 전념하는 게 더 나을 것 같다고 말했지만 본심은 복직을 더 원했다.

이런 고민은 특별한 것이 아니다. 수입 측면에서 메리트가 없더라도 일을 계속하고 싶다면 비용이 들더라도 육아도우미를 고용해서 복직해야 한다. 아이를 키우고 난 뒤 다시 직장을 구할 수 있는 일이라면 과감하게 퇴직해서 2~3년 동안 육아에 집중한 후 다시 일을 계속하는 게 낫다. 얼마 차이가 안 나는 수입 때문에 복직을 선택하면 아이는 아이대로, 부모는 부모대로 몸과 마음 고생이 너무 크다. 차라리 다른 지출을 줄여 간극을 메우는 게 훨씬 현명한 방법이다.

아이를 맡아줄 양가 부모님이 계시다면 좀 더 깊이 생각해볼 필요가 있다. 부모님 중에는 건강문제나 시간관리, 가치관 때문에 손주 돌보기를 꺼리는 분도 있긴 하지만 많은 부모님이 결국에는 안쓰러운 마음에 손주를 일정 기간 동안 키워주는 선택을 한다. 이럴 때 자녀 입장에서 연로하신 부모님께 아이를 키워달라고 부탁하는 것이 죄송스럽겠지만 죄송함을 무릅쓰고 부탁을 드려보자. 그리고 부모님의 희생을 당연하게 여기지 말고 반드시 경제적인 보상을 해드려야 한다.

아이를 돌보는 일은 매우 고되다. 특히 어린이집에 가기 직전까지가 아이 양육이 가장 힘든 때다. 육아도우미에게 지불하는 비용만큼은 못되더라도 부모님께 감사함을 표하자. 3자에게 나갈 돈이 가족 안으로 순환되면서 부모님은 경제적 소득이 생기고 자녀의 안전과 정서적 안정을 얻을 수 있는 좋은 방법이다.

상담을 하다 보면 은퇴를 앞두고 있거나 은퇴를 했는데 노후 준비가 안 돼 고민하는 5070세대가 많다. 은퇴했지만 급여 수준이 적더라도 일자리를 얻으려고 애쓰거나 70세가 한참 넘었는데도 일을 하고 있는 노인도 많다.

소일거리로 일을 하기도 하지만 대부분 은퇴 준비가 잘 안 돼 생활비를 벌기 위해 생계형으로 일을 한다. 위의 30대 부부 내담자에게 조심스럽게 물어 보니 아내의 친정 부모님이 지금 당장은 문제가 없지만 머지않아 같은 상황에 처할 것 같다고 답했다. 그래서 육아도우미에게 지불할 금액 중 일부를 부모님의 노후 생활비로 드리고 마음 편하게 복직하는 것은 어떻겠냐고 넌지시 물어봤다. 처음에는 내켜 하지 않았지만 부모님과 상의해보겠다고 했다.

상의한 결과 아이가 어린이집에 갈 때까지 매달 120만 원씩 드리기고 맡기기로 결정했다고 한다. 금액이 넉넉지 않아 부모님께 죄송했지만 서로가 경제적으로나 정서적으로 윈윈할 수 있는 선택이었기에 한결 가벼운 마음으로 복직했다.

부모님께 아이를 맡긴다면

조부모 양육은 양육도우미 비용을 줄이고 조부모의 노후생활비가 지원된다는 경제적 장점이 있지만 그보다 더 큰 장점이 있다. 아이 양육에 대해 안심할 수 있다는 것이다. 때마다 심심치 않게 뉴스에 보도되는 보육시설과 보육교사 문제를 접할 때마다 부부는 일을 하기 위해 아이를 보육시설에 맡기는 것이 과연 옳은 선택인가 의심하고 죄책감을 갖는다. 조부모 양육은 그러한 걱정에서 해방될 수 있게 해주는 좋은 해결책이 된다.

조부모는 아이를 부모보다 더 큰 사랑으로 키우면 키웠지, 절대 덜하지 않는다. 조부모와 크다 보면 아이와 정도 두터워지고 감성 발달에도 좋다. 부부는 부모님께 늘 감사하는 마음을 갖게 되고 조부모는 힘은 들지만 외롭지 않아 좋다. 결과적으로 가족 간의 유대감과 사랑이 커진다. 사람 사는 일이니 크고 작은 문제가 생기겠지만 그런 문제에 비해 장점이 훨씬 많은 게 사실이다. 조부모 양육을 선택할 수 있다면 그런 환경을 가진 것에 감사하는 마음을 갖자.

3부

내집마련

부동산이
난리여도
내집은 필요하다

"선생님, 지금 집을 사는 게 좋을까요, 아니면 좀 더 있어 볼까요?"

결혼한 부부들이 내게 주택 구입과 관련한 조언을 많이 물어온다. 이미 부부끼리 매매하기로 결정해놓고 확답을 들으러 오는 경우도 있다.

"더 오르기 전에 빨리 사세요. 하루라도 빨리 사는 게 이익입니다."

부동산에 대해 이렇게 조언하는 사람들이 있다. 아니 정말 많다. 어쩌면 맞는 말인 것 같기도 하다. 얼마 전까지 부동산 가격이 무섭게 올랐고, 빨리 구입한 사람이 승자인 것 같은 모습을 많이 보아왔기 때문이다.

그러나 나의 조언은 한결같다. "자산을 보고 미래에 갚을 여력이 있는지 꼼꼼히 확인한 후 결정할 것." 부동산이 폭등하거나 오르지 않을 때도 내 조언은 똑같았다. 상담하러 온 부부들은 많이 실망했다. 왜냐하면 아파트를 사고 싶어 엉덩이가 들썩거리는데 김이 빠지는 조언이었기 때문이다. 하지만 나는 그렇게 대답할 수밖에 없다. 아파트를 무리하게 매매하고 힘들어하는 경우를 정말 많이 보았기 때문이다.

"과장님 아파트 산 거 이번에 엄청 올랐대."

남들이 산 아파트값이 오르는 모습은 3자가 보기에 참 부럽고 좋아 보인다. 요즘처럼 특히 분양 공고가 많은 때에 친구들도 너도나도 집을 마련하고 있는 모습을 보면 나만 뒤쳐지는 것 같아 초조하다. 그러나 그 속사정을 자세히 알면 누구나 빨리 집 사는 걸 권할 일은 아니다. 일단 아파트가 아무리 올라도 팔아야 돈이 내 손에 쥐어진다. 그전까지는 그냥 손에 돈을 쥔 것처럼 마음만 들뜰 뿐이다.

내집마련 이후를 예측, 관리하자

내집마련은 인생에서 가장 돈이 많이 드는 쇼핑이다. 돈이 많이 들다 보니 온전히 모은 돈만으로는 집을 살 수 없다. 거의 대부분 은행의 도움을 받아야 한다. 옷처럼 철마다 사는 것도 아니기에 살면서 내 집 쇼핑을 그렇게 자주 할 일은 없다. 보통의 사람이라면 살면서 한두 번이나 좀 잦으면 세네 번 정도가 일반적이다.

미혼 때는 내집마련에 대해 막연하게 생각만 할 뿐 구체적으로 계획하지는 않는다. 결혼을 준비할 때부터 본격적으로 고민하기 시작해서 3인 가족이 되면 내집마련을 할 때까지 그 고민이 점점 깊어진다. 2년마다 돌아오는 전세 재계약이 지긋지긋해질 때면 내집마련에 대한 욕구가 절정에 이른다.

이미 아담한 신혼집을 구해 불편 없이 잘 지내던 2인 가족은 아이가 생기는 3인 가족로 가는 길목에서 집에 대한 고민이 시작된다. 둘이 살기에는 불편함이 없었지만 셋이 살기에는 대부분 좁게 느껴지기 때문이다. 바운서, 쏘서, 아이 침대 등 갖은 육아용품을 들이다 보면 거실은 미어터진다. 곧 아이방도 필요할 것 같고 빌라에 살고 있다면 엘리베이터가 없는 것도 아이를 키우기에 불편할 것이 뻔하다. 주변 환경이 좋으면서 지금 살고 있는 집보다 조금 넓고 밝은 집으로 이사 가서 쾌적하게 살고 싶은 욕

망이 꿈틀댄다. 사람이라면 누구나 가질 수 있는 당연한 욕망이다. 하지만 항상 돈과 환경이 문제다.

부동산 시세를 보는 일이 잦아지고 아파트 가격이 뛴다는 뉴스에 엉덩이가 들썩들썩한다. 지금 못 사면 영원히 내 집을 마련하지 못할 것 같다는 불안감에 휩싸인다. 그럴 때 심사숙고하지 않고 덜컥 주택을 매매하면 그 뒷감당 때문에 두고두고 후회할 수 있다.

내집마련은 매우 신중해야 한다. 주택은 살 때도 큰돈이 들지만 팔 때도 부대비용이 많이 든다. 따라서 돌다리를 두들겨가며 건너는 심정으로 신중하게 의사결정을 해야 한다.

3인 가족마다 내집마련을 해야 하는 이유는 제각각일 수 있다.

내집마련을 해야 하는 이유는 달라도 매매를 결정할 때 고려해야 하는 사항은 동일하다.

① 내집마련 이후에 부부의 수입이 줄어들지는 않는지, ② 주택대출금은 감당할 수 있는 수준인지, ③ 대출원리금을 상환하는 것뿐 아니라 자녀 학자금이나 노후자금 준비 등 미래를 대비하는 저축을 포함한 현금 흐름에 문제가 없는지 등을 모두 살펴봐야 한다.

이 사항들에 대해 문제가 없다면 꿈에 그리던 내집마련을 지금 당장 실현해도 좋다. 하지만 그렇지 않다면 조금 더 준비한 다음 매매를 해도 늦지 않다. 리스크가 없는 시점에 내집마련의 기회를 잡자.

주택을 어느 시점에 구입하는 게 최선인지 제대로 판단할 수 있는 사람은 거의 없다. 부동산 전문가의 예측도 그리 신뢰할 바는 못 된다. 그들이 과거에 쓴 신문기사나 칼럼을 검색해서 당시 미래 주택시장에 대한 전망을 어떻게 했는가 읽어보면 '전문가가 맞나'라는 의심이 들기도 한다. 종종 집값은 떨어질 거라 생각하고 기다리면 올라가고, 올라갈 거라고 판단해서 구입하면 떨어진다. 따라서 내집마련은 예측에 의존해 구입하기보다는 지금 주택을 구입했을 때 리스크가 없을지 판단하여 접근하면 큰 실패를 피할 수 있다.

내집마련은 '초특가 찬스'가 아니다

누가 봐도 입지가 좋고, 청약 당첨만 되면 대박 날 것이 분명한 아파트의 청약 공고가 났다. 아파트투유 홈페이지에 가서 청약을 신청할까 말까 마음이 두근두근한다. 그러나 인생의 가장 큰 쇼핑인 내집마련에 있어서는 조급함을 버려야 한다. 또한 내집마련을 했다면 내가 살고 있는 집의 가격이 올라가든 떨어지든 신경 쓰지 말고 가족의 삶에 집중하는 것이 행복의 비결이다.

지역마다 집값이 오르고 내리는 폭의 차이는 있을지 몰라도 대부분은 내 집이 오르면 다른 집도 올라가고 내 집이 떨어지면 다른 집들도 떨어진다. 만일 운이 좋아 매매한 아파트가 1억이 올랐다고 하자. 아파트를 팔고 1억의 시세차익을 더해 더 좋은 동네로 이사를 가려고 알아보면 그곳의 아파트값은 더 올라 있다. 더 좋은 동네, 더 좋은 아파트로 가고 싶은 것이 사람의 심리이고 사람이 많이 원하는 곳은 그만큼 계속 집값이 오르기 때문이다.

도심 아파트를 팔고 시골 주택으로 내려갈 것이 아니라면 3억짜리 아파트가 6억으로 올라도 어쩌면 죽을 때까지 손에 쥐지 못하는 돈이 될 확률이 높다. 한번 좋은 지역에 거주하면 대부분은 그 지역을 떠나지 않기 때문이다.

3인 가족이라면 긴 시간 가족들이 오붓하게 살 포근한 보금자리를 마련한다고 생각하고 내집마련을 하는 것이 바람직하다. 살림이 단출한 신혼부부나 자녀들을 다 키워 홀가분해진 중장년층의 경우 이사를 자주 해서 시세차익을 얻을 수 있지만 아이가 생기면 이사를 가기 힘들다. 아이가 유치원을 옮기거나 전학을 가는 것이 쉬운 일이 아니기 때문이다. 대체로 부동산 시장의 승자는 오랜 세월 부동산판을 꿰뚫고 있는 전문가나 집이 두 채 이상 있어서 수익실현이 손쉬운 이들이다.

내집마련과 은퇴준비,
어떻게
함께 준비할까

살면서 우리 앞에 놓인 여러 가지 숙제 중에 내집마련, 자녀교육, 부부의 노후준비는 가장 어려운 숙제다. 부모에게 큰 자산을 상속받았거나 사업에 성공해 돈을 많이 벌지 않는 한 대한민국의 평범한 3인 가족이 이 세 가지 숙제를 완벽하게 수행하기란 매우 어렵다.

이 세 숙제 중에 두 가지를 집중적으로 선택할 수밖에 없는데 많은 사람들이 내집마련과 자녀교육에 집중한다. 그렇게 되면 노후준비는 상대적으로 소홀해질 수밖에 없다.

노후준비는 아직 먼 훗날의 일이다 보니 우선순위에서 항상 뒤로 밀린다. 세월은 유수와 같아서 이렇게 한 번 미뤄진 숙제는 계속 미뤄지게 마련이다. 오늘 넉넉지 않은데 내일이라고 딱히 나아지지 않는다. 대개 시간이 경과할수록 수입이 늘어나지만 그만큼 지출도 덩달아 늘어난다. 그러다 보니 시간만 흘려보낸 채 노후준비를 충분히 하지 못해 곤란을 겪는 은퇴 가정이 많다.

내 보금자리는 가족에게 심리적 안정감을 준다. 그렇다고 모든 3인 가족이 지금 당장 내집마련을 할 수 있는 것은 아니다. 무리하게 내집마련을 하면 은퇴 전까지 버는 수입 중에 많은 돈을 대출원리금으로 갚아야 한다. 그럼에도 은퇴 시점에 대출상환이 끝나지 않으면 가뜩이나 준비 안 된 노후가 더 힘들어진다.

수입이 있을 때도 대출원리금 상환이 부담스러운데 은퇴 후에 얼마 안 되는 수입으로 대출원리금을 상환하는 것은 얼마나 어렵겠는가. 어쩌면 살고 있던 집을 팔고 더 작은 집으로 옮긴 뒤 남은 차액을 노후자금으로 써야 할지도 모른다. 지금처럼 부동산 값이 높다면 작은

집으로 이사하지 않아도 살고 있는 집을 담보로 주택연금에 가입해 남은 대출금을 갚은 뒤 부족한 노후자금을 어느 정도 충당할 수 있다. 하지만 이 책을 읽고 있는 여러분이 은퇴할 때까지 지금의 주택연금제도가 지속되리란 보장이 없다.

주택연금을 이미 신청한 사람이라도 지금처럼 유리한 조건에서 주택담보금을 노후자금으로 운용할 수 있을지도 미지수다. 참고로 주택연금 제도는 집값이 계속 올라야 원활하게 유지되는데 만에 하나 집값이 떨어지고 그 손실이 기하급수적으로 늘어나면 이 제도는 어떻게 될까? 그럴 경우 이 제도는 없어지거나 연금수급조건이 나빠질 가능성이 높다.

3인 가족의 3가지 목표에서 우선순위 정하기

내집마련, 자녀교육, 노후준비 중에 어느 것 하나 중요하지 않은 것은 없다. 시간상으로 보면 노후준비가 상대적으로 덜 급하고 덜 중요하게 느껴질지 모르겠지만 길어진 노후에 막대한 자금이 필요하다는 것을 감안하면 내집마련이나 자녀교육과 마찬가지로 급하고 중요하다. 따라서 세 가지 주요 재무목표를 동시에 준비해야 한다. 가치관이나 우선순위에 따라 각각의 목표에 투입하는 자산의 비율이 달라질 뿐이다.

먼저 세 가지 목표를 달성하려면 각각 어느 정도의 돈이 필요한지 계산해야 한다. 그런 뒤 현재 보유하고 있는 자산과 수입을 감안해 각각의 목표를 달성할 수 있는지의 여부를 체크해보자.

이런 계산을 하고 나면 대부분의 3인 가족은 재정이 많이 부족하다는 것을 바로 알게 된다. 이 시점에서 명확하게 세 가지 목표에 대한 가치판단을 다시 해야 한다. 어느 목표에 더 비중을 두고 어느 목표는 비중을 줄일까 결정해야 한다. 그 후에 우선순위를 정하고 목표를 재설정한다. 이런 과정을 거치다 보면 자녀교육과 노후준비는 철저히 하되 내집마련에 대해서는 욕심을 줄인다든지, 아니면 내집마련과 노후준비는 넉넉히 하되 자녀교육비는 꼭 필요한 교육에만 지출을 해야겠다는 등의 합리적인 결정을 하게 된다.

이런 과정을 거친 뒤 3인 가족이 내집마련을 하기로 마음먹었다면 지금 당장 감당할 수 있는 정도의 대출을 받아 은퇴 이전에 대출금을 모두 상환할 수 있을 정도의 집을 선택해야 한다. 당장 집을 살 여력이 안 된다면 자금 조달 상황을 감안해 내집마련을 언제 할지에 대한 구체적인 계획을 세워 준비해야 한다.

'나중에 어떻게 되겠지'라는 생각으로 무리하게 의사결정을 하는 것은 도박이다. 도박은 운 좋으면 흥할 수도 있지만 운 나쁜면 생존까지 위협받는다. 모 아니면 도인 도박에 은퇴 후 인생을 걸 수는 없다. 돈을 필요한 만큼 벌 수도, 실패를 만회할 시간도 없을 때가 노후다. 그때까지 대출을 모두 해결하지 못하면 은퇴 전에는 대출원리금을 상환하느라 고생하고 은퇴 후에는 그 집에서 살 수 없어 서러워진다. 은퇴 후에도 내 집에 계속 살고 싶다면 '나중에 어떻게 되겠지' 하는 요행수를 버리고 분수에 맞게 내 집을 마련해야 한다.

속사정은 누구도 알 수 없다

상담할 때 내담자들에게 항상 강조하는 이야기가 있다.

"큰 평수의 새 아파트에 살고 값비싼 외제차를 타고 다닌다고 해서 모두 행복한 것은 아니다. 심지어 그들은 부자가 아닐 수도 있다."

겉만 보고는 다른 사람의 재산상황을 알 수가 없다. 상담을 하다 보면 소박하게 사는 것 같지만 자산은 야무지게 모으는 집이 있는가 하면 누구나 살고 싶어 하는 번듯한 곳에 살면서도 자산 상태가 위험한 집도 많다. 겉만 보고 부러워하는 것은 어리석다. 진짜 부자는 자산에서 부채를 뺀 순자산이 많은 사람이다. 그러니 그들과 수준을 맞추겠다고 무리하지 말고 순자산을 늘리는 노력을 계속하면서 준비가 어느 정도 됐을 때 감당할 수 있는 수준의 대출을 받아 분수에 맞게 내 집을 마련해야 한다.

많은 사람이 남과 비교하면서 불행을 자초한다. 미국의 뛰어난 사업가이자 정치가, 외교관이면서 문필가였던 벤저민 프랭클린은 "우리를 망치는 것은 다른 사람들의 눈이다. 만약 나를 제외한 다른 사람이 모두 장님이라면, 나는 굳이 고래등 같은 번쩍이는 가구도 원할 필요가 없을 것이다"라는 명언을 남겼다. 다른 사람들의 눈을 의식하지 않으면 비교할 필요도 없고, 욕망에 끌려다니지 않아도 된다는 의미를 함축한 말이다.

내집마련도 마찬가지다. 남과 비교하지 않고 분수에 맞는 집을 선택해서 남의 시선을 의식하지 않고 소신껏 살면 된다. 다른 사람과 비교하면서 충족되지 않는 욕구 때문에 열패감과 시기심을 자주 느끼며 살면 인생이 불행해진다.

재정적으로 감당할 수 없는 무리한 빚을 지고 내 집을 마련하면 그 기쁨은 잠시뿐이고 빚을 갚느라 늘 불안하고 자주 불행해진다. 절대 남과 비교해 무리하게 내집마련을 하는 우를 범하지 않길 바란다.

남들은 로또라 떠들어도 내가 준비 안 돼 있으면 독약

과거 한국의 부동산 시장을 돌이켜 보자. 1997년에 집을 사서 집값이 폭등하던 2007년에 집을 팔고, 잠시 전세에 살다가 2015년쯤에 다시 주택을 구입해서 2018년 9월 13일 이전에 매도했다면 엄청난 시세차익을 얻었을 것이다.

하지만 과연 그렇게 족집게처럼 집을 구입하고 매도한 사람이 몇이나 될까? 거꾸로 1997년에 집을 판 사람, 2007년에 집을 산 사람, 2013년쯤에 집을 팔고 전세로 옮긴 사람, 2018년 7~8월경에 집을 산 사람도 많을 것이다.

사람은 이성적일 것 같지만 이성적이지 않다. 가격이 폭등할 때는 앞으로 더 오를 거라는 욕심에 집을 사고 가격이 폭락할 때는 더 떨어질 거라는 공포 때문에 팔아버리는 것이 인간의 속성이다. 이는 역사적으로 수없이 버블이 생겼다가 꺼지는 과정을 분석한 세계 유수의 경제학자들이 내린 결론이다. 예측해서 주택을 구입할 적기를 찾기가 그만큼 어렵고 실제로 행동으로 옮기기는 더 어렵다는 이야기다.

주변에서 '그때 집을 샀더라면' 또는 '그때 집을 팔았더라면' 하고 후회하는 사람들을 많이 보았을 것이다. 돌아가신 나의 아버지는 잠실이 개발되기 전 뽕밭이었을 때 땅을 사러 갔다가 사려는 가격보다 조금 더 달라고 해서 안 샀다고 평생을 후회하셨다. 아마 서울에서 오랫동안 사신 부모님을 둔 독자분이라면 나의 아버지와 같이 한탄하는 것을 자주 들어봤을 거다. 이처럼 과거에 대한 분석은 가능하지만 미래를 예측한다는 것은 거의 불가능하다. 국내외로 극심하게 변화하는 현시대에서는 당장 내일의 일도 예측하기가 힘들다. 우리가 자는 사이에 유럽이나 미국에서 벌어진 일이 우리에게 영향을 미칠 수 있는 시대라는 점을 늘 기억해야 한다.

몇 년 전부터 건강을 생각해 '생활 속 걷기'를 하면서 후암동, 청파동, 자양동, 성수동, 뚝섬 등 서울의 많은 지역을 걸어 다니고 있다. 차를 타고 다닐 때는 보이지 않던 것들이 걸으니 비로소 보였다. 나를 찾아오는 내담자들 대부분이 살 집에 관심이 많으니 교통이나 일자리 등 내집마련할 때 고려해야 하는 다양한 요소들도 살펴볼 수 있어서 많은 도움이 되고 있다.

걷기 시작하면서 가장 먼저 든 생각은 돈이 없어도 내 몸 하나 눕힐 집은 있다는 거였다. 그 집이 허름하든 번듯하든 구석구석에 집은 정말 많다. 실제로 국토교통부 통계에 따르면 2017년 전국 가구 수는 1,967만이고 주택 수는 2,031만 채다. 주택 수를 가구 수로 나눈 것을 '주택보급률'이라고 하는데 이 수치로 보자면 우리나라 주택보급률은 103.3퍼센트다. 통계에 따르면 집이 남아돌아야 하는데 현실은 그렇지 않다. 특히 살고 싶은 집으로 범위를 좁히면 더욱 그렇다. 거주하고 싶은 위치에 번듯한 내 집을 적당한 가격에 구입해서 살 수 있을 정도로 집이 넘치게 보급된 건 아니라는 뜻이다.

내집마련은 욕망의 표현이다. 사람들은 일터와 가깝고, 교통이 좋고, 문화생활을 즐길 수 있으며, 의료기관과 접근성이 높은

'아파트'를 원한다. 하지만 이러한 아파트는 그들의 욕망을 다 채워줄 만큼 많지 않다. 설사 원하는 아파트가 남아돌더라도 가격이 맞지 않아 구입하지 못하는 사람들이 부지기수다.

자가보유 가구를 전체 가구 수로 나눈 것을 '자가보유율'이라고 하는데 2016년 전국 기준 자가보유율은 59.9퍼센트다. 10가구 중 4가구가 무주택이다. 주택구입자금이 많이 모자라서, 원하는 집이 예산에 맞지 않아서 등 무주택 가구마다 각기 다른 사연이 있겠지만 결국 돈이 가장 큰 문제다. 좋은 입지의 살고 싶은 아파트가 적당한 가격이면서 언제든지 구입할 수 있다면 내집마련을 일부러 미루지는 않을 것이다. 고려해야 할 것이 너무 많아서 내 집을 마련하기란 정말 어렵다.

내집마련 최적의 시기는 내가 준비가 됐을 때

상담을 하면서 제일 곤란한 때는, 언제 집을 사면 좋겠냐고 물을 때다. 그들이 내게 직접적으로 묻고 싶은 것은 앞으로 집값이 오를까, 떨어질까 하는 집값 예측이지만 나는 원론적인 이야기와 함께 집에 관한 나의 철학을 위주로 조언한다. 주식이든 부동산이든 예측은 할 수 있다. 하지만 그 예측이 100퍼센트 정확할 수 없다는 것을 경험적으로 잘 알고 있다. 때로는 그 예측이 절반도 맞지 않을 때도 무수히 많다.

따라서 나는 예측보다 내담자의 현재 재정상황과 미래소득 변동, 가족의 수나 직업 등의 환경적 변수를 분석해 리스크 관리 차원에서 지금 집을 사도 재정적으로 무리가 없는지, 그리고 대출을 받으면 어느 정도가 적당한지에 대해 조언한다. 집값 변동을 예측해서 지금 집을 사도 되는지, 지금이 아니라면 언제 사는 게 좋은지, 지역을 콕 짚어 어디에 사면 집값이 많이 오를지는 내가 조언할 수 있는 범위를 넘어서는 일이라고 생각하고 입을 닫는다. 집을 구입한 뒤의 결과에 대해서는 집을 산 사람이 책임지는 것이지 내가 책임져줄 수 없어서다.

인생에서 가장 큰 쇼핑인 내집마련은 결국 내가 공부해서 스스로 결정해야 한다. 내 돈이 들어가는 것이고 결과는 나만이 책임질 수 있다. 다른 사람의 말을 듣고 결정했다가 손해가 나면 그 사람을 원망할 수는 있겠지만 그 손실은 오로지 내 몫이라는 것을 늘 마음에 새겨놓고 의사결정을 해야 한다. 오랜 경험상 아무리 전문가의 예측이라도 그 전문가의 예측이 맞을 확률은 50퍼센트 내외다. 전문가의 예측조차 신뢰하지 않는 이유다. 단지 그들의 의견을 참고하여 의사결정을 내리는 도구로 활용할 뿐이다.

아이 초등 입학 전까지 내집을 마련하는 게 좋다

지금 당장이라도 집을 살 능력이 된다면 집값이 저렴한 시점을 찾아 구입하면 된다. 하지만 앞에서도 언급했듯이 집은 살면서 가장 많은 돈을 들여 구입하는 재화이기에 대출을 끼지 않고 내가 가진 돈만으로 구입할 수 있는 가계는 많지 않다. 그러다 보니 주택 구입 시점이 고민거리다.

내집마련 시점에 가장 큰 영향을 미치는 것은 집을 구입하기 위해 준비된 자금이다. 사람마다 준비한 자금이 모두 다르기 때문에 정답은 없지만, 3인 가족은 보통 아이가 초등학교에 진학하는 시점까지는 열심히 돈을 모으라고 조언한다. 물론 그 이전이라도 돈을 충분히 모았다면 적당히 대출을 받아 내 집을 마련해도 된다. 그렇지 않다면 아이가 초등학교에 진학할 무렵에 내 집을 마련하는 게 좋다. 아이 학교생활이나 학부모 간 네트워크를 잘 관리할 수 있기 때문이다.

초등학생이나 중학생 아이가 전학할 때 받는 스트레스는 부부가 이혼할 때 받는 스트레스와 비슷한 수준이라고 한다. 나의 경우 아이가 유치원에 다닐 때부터 자양동에 살았다. 아이가 초등학교 고학년일 무렵 다른 동네로 이사를 가려고 했는데 생각지도 못한 아이의 결사 반대로 결국 이사하지 못했다. 그 무렵 같은 학교 학부모와 친밀한 네트워크가 형성돼 있었던 아내도 아무도 모르는 동네로 이사 가서 새로운 사람들을 사귀면서 다시 네트워크를 만드느니 계속 사는 게 좋다고 아이들 편을 들었다.

특별한 이유가 있다면 몰라도 가능하면 중학교를 졸업할 때까지는 전학하는 게 쉽지 않은 일이다. 가급적 아이의 정서나 학부모의 네트워크 유지를 위해서라도 한곳에 정착하는 것이 좋다.

자녀 초등학교 입학 전까지 내집마련 자금을 모아라

내 집을 마련할 자금이 부족하더라도 살 곳은 정하는 게 좋다. 그러려면 부동산에 대해 공부해볼 것을 권한다. 돈을 엄청 벌었다는 황당한 부동산 투자서가 아니라 실질적으로 내집마련을 하거나 주거지를 정할 때 참고가 될 만한 책부터 읽어보는 게 좋다. 시간이 되면 부동산 강의도 들어보자.

이런 공부를 통해 살 곳을 정한 뒤 내집마련이 아니라 전세로라도 그 지역에서 실제로 살아보면 내 집을 마련할 때 큰 도움이 된다. 직접 살아보지 않은 전문가들보다 동네의 장, 단점을 더 잘 파악할 수 있기 때문이다. 그렇게 지역을 유심히 관찰하다 준비가 되면 살고 싶은 집을 찾아 구입하면 된다.

부동산 투자를 하려는 게 아니라면 내가 소유한 집의 가격이 올라가고 내려가는 것에 큰 의미를 두지 않아도 된다. 올라가거나 내려가는 정도의 차이가 있겠지만 일반적으로 내 집 가격이 올라가면 다른 집의 가격도 올라가고 내 집 가격이 떨어지면 다른 집의 가격도 떨어진다. 하지만 이왕 내 집을 마련한다면 입지가 좋은 집을 선택하는 게 좋다. 다른 집 올라갈 때 조금 더 올라가고 다른 집 떨어질 때 덜 떨어져서 싫을 사람은 없다.

대출 상환계획은 최악의 상황까지 고려해야 한다

주택가격에 대한 부채비율이나 소득 대비 원리금 상환비율도 내 집마련에 대한 의사결정을 할 때 고려해야 할 중요한 요소다. 주택은 다른 어떤 소비재보다 월등히 비싸므로 온전히 내 돈만으로 집을 살 수 있는 가계는 드물다.

대출을 어느 정도 끼고 살 수밖에 없는데 대출을 받을 때 기준이 되는 비율이 LTV다. LTV는 담보인정비율로, 은행이 주택 등을 담보로 잡고 돈을 빌려줄 때 담보물의 실제 가치 대비 대출금액 비율을 말한다. 과거에는 이 비율을 기준으로 신용에 문제가 없으면 최대한 대출을 받을 수 있었다. 하지만 은행에서 대출을 받을 수 있는 것과 상환하는 것은 별개의 문제다. 대출금액을 정할 때는 뜻하지 않게 실직을 하거나, 가족 중 누가 수술하는 등 리스크가 발생하더라도 상환에 문제가 없는 적정한 비율로 설정하는 것이 중요하다.

보통 담보대출 총액은 주택가격의 40퍼센트까지가 적당하고 40퍼센트를 넘기면 위험하다고 말한다. 하지만 소득 대비 원리금 상환비율과는 달리 주택가격에 대한 부채비율을 일반화하여 40퍼센트가 적절한 비율이라고 정하는 것은 무리가 있다. 주택가격이 천차만별이고 대출을 받는 사람마다 대출원리금 상환 능력이 모두 다르기 때문이다. 예를 들면 시가 10억 원인 주택가격의 40퍼센트는 4억 원이고 5억 원의 40퍼센트는 2억 원이다. 따라서 비율보다는 소득 대비 원리금 상환 능력으로 대출액을 정해야 한다. 2억 원을 20년 원기금균등 상환 조건으로 대출받았다면 매달 130만 원 이상 갚아야 할 생각을 해야 한다. 거기에 아이를 낳아 아내가 육아휴직을 쓸 경우 가계 소득이 줄어드는 것도 고려하자.

아파트가 가격방어가 되는지도 중요하다. 분양이나 매매를 해서 아파트를 구입했다면 결정된 그 금액만큼 평생 아파트값을 갚아야하는 삶을 살게 된다. 그런데 아파트가격이 떨어진다면 매매도 어렵고 매우 힘들어진다.

한 가지 더 추가한다면 은퇴 이전에 원리금을 상환하도록 노력해야 한다. 일반적으로 은퇴 전까지는 대부분 소득이 상승하므로 빠듯하지만 대출원리금을 상환할 수는 있다. 소득이 대폭 줄어드는 은퇴 후에는 매월 수입에서 대출원리금을 상환하는 게 어려워진다. 대출 받아 집을 산 뒤 평생 대출원리금을 상환하느라 고생하다가 막상 은퇴 후에 그 집에서 살 수 없는 불행한 상황이 벌어질 수 있으니 은퇴 전에 모두 상환할 수 있도록 상환 계획을 세워 실행해야 한다.

3인가족이 내집마련할 때 고려해야 할 것

이번 장에서는 3인 가족이 내 집을 마련하거나 살 곳을 정할 때 우선적으로 고려해볼 만한 내용을 소개한다. 나중에 집값이 크게 오를 투자 대상으로서의 주택이 아니라 삶의 질을 높일 수 있는 살기 좋은 주택을 선택하는 쪽에 초점을 맞췄다.

출퇴근 소요시간

집과 직장의 거리는 삶의 질을 좌우한다. 직장과 집이 가까우면 가까울수록 길에서 낭비하는 시간이 줄어 여유시간을 많이 가질 수 있다. 직장이 몰려 있는 강남권이나 광화문, 종로 같은 시내 중심권까지의 소요시간이 짧을수록 직주근접의 메리트 때문에 주택가격이 비싸다.

맞벌이 3인 가족은 아이를 돌보는 문제가 큰 비중을 차지하기 때문에 특히 부부가 출퇴근하는 데 소요되는 시간이 중요하다. 아이가 어려 출근길에 아이를 보육시설에 맡겼다 퇴근길에 데려와야 하는 사정이라면 더 말할 것도 없다.

맞벌이 3인 가족은 살 집을 선택할 때 아이의 보육을 가장 먼저 고려할 수밖에 없다. 외벌이 3인 가족이라면 이 문제에 대해서는 좀 더 유연하게 대처할 수 있다. 주택가격의 상승 가능성을 따질 때는 주변에 일자리가 많은 지역과 가까울수록 수요가 많은 지역이기에 올라갈 때 다른 지역에 비해 상대적으로 더 상승하고 내려갈 때 덜 떨어진다. 그래서 살고 있는 집과 멀지 않은 지역에 많은 일자리가 창출될 계획이 있다면 호재가 되는 것이다.

학교와 학원

자녀교육에 많은 신경을 쓸 수밖에 없는 3인 가족에게 학군은 내집마련할 때 상당히 중요한 포인트다. 초등학교를 졸업하고 중학교에 진학할 때 추첨으로 선발하긴 하지만 면학 분위기가 잘 조성된 중학교에 다니면 좋은 고등학교로 진학하는 데 도움이 된다. 고등학교는 완전 추첨제가 아니라 다양한 선발 방법이 적용된다. 학생 개인 능력이나 원하는 진로 방향에 따라 특목고나 특성화고 등에 지원할 수 있다.

게다가 중학교와는 달리 거주지 근방에 있는 고등학교에 무조건 배정되는 것이 아니라 지역 범위를 더 넓혀 1지망, 2지망 등 선택의 폭이 넓다. 따라서 면학 분위기가 잡힌 중학교에 배정될 수 있는 지역을 전략적으로 선택할 필요가 있다.

사교육을 무시할 수 없는 우리나라 교육환경에서는 괜찮은 학원을 오가는 접근성도 중요한 요소다. 초등학교 때는 동네에 있는 학원을 이용해도 별 무리가 없지만 중학생이 되면 좋은 학원을 찾아가게 된다.

학원가로 유명한 서울의 대치동이나 목동 근처에 누구나 살 수는 없겠지만 멀지 않은 거리에 비슷한 수준의 학원이 있다면 좋을 것이다. 학원

인프라가 아직 취약한 경기도 동탄 2기 신도시에 사는 학생이, 먼저 입주해 인프라를 이미 갖춘 동탄 1기 신도시에 있는 학원으로 수업을 듣기 위해 2시간을 이동하는 경우도 있었다. 좋은 학교나 학원가는 주택가격에도 크게 영향을 준다.

교통

부동산에서는 지하철역 접근성이 중요하다. 보통 역세권이라고 지칭하는데 전철역에서 5~10분 안에 걸어갈 수 있는 게 가장 좋고, 그보다 좀 더 멀면 마을버스 환승을 통해 10분 안에 닿을 수 있는 것이 차선이다.

가족 구성원의 이동 동선은 모두 다르기 때문에 내집마련할 때는 가족의 주요 동선을 고려해야 한다. 직장, 학교, 학원, 상가, 문화시설처럼 자주 가는 곳을 자동차가 아니라 대중교통을 이용해서 갈 때의 동선을 그려보고 소요시간을 따져보면 가족 모두가 살기 좋은 집을 찾기가 한결 수월해진다. 내담자 중에 집은 저렴하게 구입했지만 대중교통이 취약해 부부가 각자 차를 구입해서 먼 거리를 출퇴근하느라 배보다 배꼽이 더 커져버린 케이스도 있었다.

역세권은 주택가격 결정에 중요한 요소다. 또한 기본 전철

노선이 연장되거나 수도권 외곽에서 주요 도심을 연결하는 GTX(광역급행철도)가 통과하는가의 여부도 주택가격을 상승시키는 호재가 될 수 있다.

상가와 문화센터

쇼핑 형태가 바뀌면서 온라인 쇼핑몰 이용이 폭발적으로 늘고 있지만 오프라인 상가를 이용하지 않는 것은 아니다. 대형마트에서 장을 보는 것이 한동안 대세였지만 요즘은 현명한 소비생활을 위해 대형마트 배송서비스와 동네 상가를 적절히 골라가며 활용하는 쇼핑족이 늘고 있다. 기본적인 식재료는 동네 상가를 이용하고 생필품은 온라인 쇼핑몰이나 대형마트를 이용하는 식이다.

내집마련을 할 때 이런 상가에 대한 접근성도 눈여겨 봐야 한다. 아이가 어릴 때 대형마트나 백화점의 문화센터를 자주 이용하는 편이고 엄마들도 문화센터에서 다양한 교육을 수강하므로 문화센터에 대한 접근성이 유리하면 장점이 될 수 있다.

수요와 공급

부동산 가격의 오르내림에 가장 큰 영향을 주는 것은 뭐니 뭐니 해도 수요와 공급이다. 아무리 좋은 입지에 위치하고 있더라도 일정 기간 동안 신규 아파트 분양이 계속돼 수요 대비 공급 물량이 많다면 그 물량을 다 소화할 때까지는 주택가격이 약세를 보일 수밖에 없다.

내집마련 측면에서는, 입지가 좋은데 공급이 계속되는 지역이라 집값이 약세일 때 내집마련하기 좋은 때라고 할 수 있다. 내집마련 후에는 가격의 오르내림에 민감할 필요가 없다. 공급 물량이 다 소진되고 그 지역이 살기 좋은 동네가 되면 자연스럽게 집값의 상대적인 경쟁력이 높아질 것이다.

재개발 호재

아파트 하나가 재건축되는 것으로는 그리 큰 호재라고 할 수 없다. 좀 더 넓은 지역이 개발돼야 하는데 보통 구도심에는 이렇게 개발이 예정된 지역을 재정비촉진지구라고 부른다.

이는 주택이 밀집한 지역이 대단위 아파트 단지 지역으로 개발되는 것인데, 이런 지역은 아파트 단지가 완성되면 시세가 많이 상승할 수 있다.

그러나 개인적인 생각으로는 투자가 아닌 초등학교에 진학한 아이가 있는 3인 가족의 내집마련을 위한 선택으로는 그리 적절해 보이지 않는다. 개발 계획이 있더라도 그 개발 계획이 연기되거나 지정 취소될 가능성이 있고 개발이 시작되더라도 최소 2~3년 이상 걸리기 때문이다. 또한 일반적으로 재개발 호재가 있는 지역의 주택은 대개 지은 지 오래된 낡은 집이라 10년 이내에 건축된 신축아파트에 비해 훨씬 살기 불편하다. 삶의 질적인 측면에서는 이런 지역에 내 집을 마련해 직접 사는 것은 위험할 수 있다. 다만 다른 지역에 전세로 살면서 개발을 기다릴 수는 있을 것이다.

청약통장, 미리 계획하고 정성들여 관리하자

한때 작은집 인테리어가 유행이었다. 2년마다 이사다니고 싶지 않은 젊은 부부들이 가격이 괜찮은 오래되고 작은 아파트나 대도심의 빌라를 매매해 잡지에 나오는 집처럼 인테리어를 세련되게 꾸며 살곤 했다. 그 모습을 보며 조금 안타까웠다. 20여 평 정도에서 부부가 알콩달콩 살 수는 있지만 아기가 태어나면 셋이 살기에는 많이 좁다. 이사를 가야 한다. 부동산이 호황인 시기라면 집을 팔고 이사하는 것이 쉽지만 시간이 갈수록 아파트는 더 낡아지고, 쉽게 팔리지 않아 애태우는 경우도 있었다.

가장 중요한 것은 일단 집을 구매하는 순간 청약에서 가장 중요한 조건인 무주택자 혜택을 받지 못한다는 것이다. 청약을 넣어 새아파트에 입주하고 싶을 때 신혼부부 특별공급 같은 좋은 조건을 놓치게 된다. 그래서 가급적 나는 상담할 때 전세에서 시작해서 청약을 준비하라고 조언한다.

청약은 서민들이 새 아파트를 가장 저렴한 가격에 살 수 있는 유일한 금융상품이다. 불과 얼마 전까지만 해도 청약통장이 유명무실했으나 2017년 8.2대책부터 2018년 9.13대책까지 정부가 부동산 가격의 급등을 막기 위해 쏟아낸 대책들로 인해 무주택자, 그중에서도 특히 무주택 신혼부부나 3인 가족은 청약이나 특별공급을 통해 주택을 마련할 확률이 과거보다 훨씬 높아졌다. 주택 구입 계획이 있다면 청약을 활용하는 것이 현명한 방법이다.

자금 여력이 충분한 3인 가족은 기존 아파트 매매를 선택해도 된다. 자금 여력이 빠듯한 3인 가족은 청약통장을 활용해 내집 마련을 하면 계약한 후로 잔금 납부, 입주까지 2년~2년 반 정도의 여유 기간을 충분히 가지면서 자금을 조달할 수 있다는 장점이 있다.

우선 특별공급부터 자격이 되는지 살펴보자. 특별공급은 일반 공급과 청약 경쟁 없이 주택을 분양받을 수 있다. 대신 무주택자의 주택 마련을 지원하기 위해 세대당 평생 단 한 번만 당첨 가능하다. 청약에 대비해 반드시 알아둬야 할 주요 내용을 간단히 살펴보자.

신혼부부라면 가점제를 준비하라

청약할 지역의 지구 지정과 원하는 면적에 따라 가점제와 추첨제의 비율이 다르다. 청약 전략도 달리해야 하므로 먼저 기본적인 사항부터 확인해야 한다. 가점제는 실수요자 중심으로 주택을 공급하기 위한 제도로, 오랜 시간 무주택자이고 부양가족 수와 청약통장 가입기간 등을 산정해 공을 들인 이들에게 우선권을 주는 제도다.

결혼 후 7년 이내라면 신혼부부 특별공급을 준비하자. 아이가 있다면 더 유리하다. 그리고 가구소득이 적을수록, 혼인기간이 짧을수록, 해당지역에 1년 이상 살고 있는 경우 점수가 더 올라간다. 7년이 지났다면 생애최초 주택구입 특별공급도 있다. 이는 공공분양인 국민주택만 해당된다. 단 청약통장 예치금액이 선납금을 포함해 600만 원 이상이어야 한다.

가점제가 유리한 경우 가점제 비율이 높은 85㎡ 이하에 청약하는 게 좋다. 가점제가 불리할 경우 추첨제 비율이 높은 85㎡ 초과 아파트를 선택하는 것이 유리하다.

전용면적 85m²이란

4인 가족이라면 이 정도 크기에서 살아야 한다는 취지로 나라에서 만든 기준이다. 25평 발코니와 엘리베이터 면적 등을 제외하고 25평형 정도의 면적이다. 보통 방 3개에 욕실 2개가 있는 30평형 아파트라고 생각하면 된다.
투기과열지구로 지정되어 있는데 분양가가 9억 원을 초과하면 중도금 집단대출이 안 되는 등 지구 지정 여부에 따라 다양한 변수가 발생하므로 청약 전 이에 대한 확인은 필수다.

구분	전용면적 85㎡ 이하		전용면적 85㎡ 초과	
	가점제	추첨제	가점제	추첨제
수도권 공공택지	100%	-	가점제 50% 이하에서 지자체가 결정	
투기과열지구	100%	-	50%	50%
청약과열지구	75%	25%	30%	70%
기타지역	가점제 40% 이하에서 지자체가 결정		-	100%

• 공공택지: 국가, 토지주택공사, 지방자치단체 등 공공기관이 개발하는 택지

•• 투기과열지구: 주택가격상승률이 물가상승률보다 현저히 높아 주택에 대한 투기 우

려가 높은 지역. 2019년 3월 기준 서울 전역 25개구와 경기도 과천, 성남 분당구, 광명시, 하남, 세종, 대구 수성구 총 31개 지역이 투기과열지구로 지정돼 있다.

••• 청약과열지구: 주택가격상승률이 물가상승률의 1.3배를 초과하고 청약경쟁률이 5:1을 넘는 등 청약이 과열되는 지역

투기과열지구나 청약과열지구는 주택청약종합저축에 가입한 뒤 2년이 경과하고 연체 없이 24회를 납입해야 청약 1순위가 된다. 투기과열지구나 청약과열지구로 지정되지 않았다면 수도권은 연체 없이 12회를 납입하고 청약통장 가입 후 1년, 수도권 이외 지역은 연체 없이 6회를 납입하고 청약통장 가입 후 6개월만 경과하면 청약 1순위가 된다. 연체를 하면 연체한 기간만큼 청약 1순위에 도달하는 시점이 늦어진다.

특별공급

특별공급은 국가유공자, 장애인, 신혼부부, 다자녀 가구, 노부모 부양자에게 주택마련을 지원하기 위해 일반공급분의 청약 경쟁 없이 별도로 분양 받을 수 있게 만든 제도다. 당첨은 평생 1회로 제한하고 있다. 자격요건을 채운다면 가장 당첨 확률이 높은

제도이므로 3인 가족은 가장 먼저 관심을 가지는 것이 좋다. 여기서는 3인 가족에 해당하는 신혼부부와 생애최초에 대한 세부 자격요건만 살펴보겠다. 자세한 내용은 금융결제원에서 운영하는 APT2you(아파트투유, www.apt2you.com) 사이트를 방문해서 살펴보면 된다.

1) 신혼부부

주택을 소유한 적이 없는 무주택 세대주로 혼인 기간이 7년이 지나지 않아야 한다. 부부는 물론 부부의 부모나 자녀를 포함해 주민등록표등본에 등재된 가족 중 누구도 주택이나 분양권을 소유하지 않아야 한다. 세대의 월평균소득이 전년도 도시근로자 가구당 월평균소득액의 120퍼센트 이하(배우자 소득이 있다면 130퍼센트 이하)여야 한다.

자녀가 있다면 공급순위 1순위 신혼부부 특별공급 자격이 주어지므로 3인 가족에게 유리한 조건이다. 결혼식 날짜가 아니라 혼인신고일이 기준일이라는 점을 유의해야 한다.

공급비율은 공공분양 30퍼센트, 민간분양 20퍼센트로 상당히 높으므로 자격요건만 된다면 다른 어떤 청약보다도 당첨 확률이 높다. 자세한 내용은 금융결제원(http://www.kftc.or.kr)에서 확인하자.

2) 생애최초

집이 없는 세대주나 세대원으로, 혼인중이며 자녀가 있어야 한다. 5년 이상 소득신고를 한 근로자나 자영업자만 가능하다. 전년도 도시근로자의 월평균 소득의 100퍼센트를 넘으면 안 된다. 청약통장을 보유하여야 하며 청약하는 지역의 청약통장 가입기간과 납입 횟수를 채워야 하고 저축액이 600만 원 이상이 돼야 한다.

청약하기 전에 꼭 알아둬야 할 내용

청약제도가 복잡한 데다 내용이 수시로 변경돼 세심하게 살펴보지 않으면 놓치는 부분이 생긴다. 입주자 모집공고문은 보통 청약 신청일 전주에 공고되는데 공고문이 작은 글씨로 깨알같이 적혀 있고 페이지 수도 방대해 웬만한 인내심이 없으면 꼼꼼히 다 살펴보기가 어렵다. 그러다 보면 실수가 생길 수 있고 그 실수는 청약 실패로 이어질 수 있으니 청약의 대략적인 흐름이나 중요한 내용은 미리 알아둬야 청약할 때 당황하지 않고 잘 챙길 수 있다.

1) 조달 가능 금액 수시로 업데이트하기

주택 구입은 인생에서 가장 큰 쇼핑이다. 기존 주택을 매매하는 것보다는 청약이 초기 자금이 덜 들어가는 편이지만 청약으로 집을 구매할 때도 큰돈이 필요하다. 온전히 보유자산만으로 주택을 구입하면 좋겠지만 분양가격 자체도 기존 주택 매매가격과 별 차이가 없기 때문에 대출을 이용할 수밖에 없다.

짧은 시간 동안 목돈이 필요한 기존 주택매매와는 달리 청약을 이용한 주택 구입은 계약에서 잔금 지급까지 2년~2년 6개월 정도의 시간적인 여유가 주어지기 때문에 한결 여유는 있다. 하지만 8.2대책 이전에는 계약금만 내고 중도금 집단대출을 받아 중도금을 해결한 뒤 입주 시점의 잔금만 신경 쓰면 됐다. 그러나 지금은 앞에서 언급한 지구 지정이나 분양가에 따라 중도금 전액이 대출이 안 되거나 중도금 집단대출은 아예 안 되기도 하므로 철저하게 자금조달 계획을 세운 후에 청약에 임해야 한다. 보통 분기에 한 번 정도는 업데이트해 놓을 필요가 있다.

a. 현금은 미리 준비해놔야 한다

중간에 중도금을 납부해야 할 때가 됐는데 현금이 없어서 난감해질 때가 있다. 전세에 살고 있어 자산은 있지만 전세를 빼서 돈을 마련할 수도 없어 급히 마이너스통장을 만들어야 하거나, 주위에게 빌려야 할 수도 있다. 기존 주택의 매매금액, 전월세 보증금, 예금, 적금, 청약, 주식, 펀드 등 주택에 청약할 때 현금화할 수 있는 자산을 구체적으로 적고 합산해놓아야 한다. 예금성 자산은 자금 마련이 급해 바로 현금화해도 원금 손실이 없기 때문에 돈이 필요한 시점에 언제든지 해지할 수 있다. 주식이나 펀드 등 투자성 자산은 돈이 필요한 시점에 마이너스 수익률을 기록하고 있으면 현금화할 때 큰 손해를 본다. 청약하기로 마음을 먹었다면 미리 상황이 좋을 때 매도나 환매를 해서 자금을 준비해놓아야 한다.

b. 대출, 쉽지 않아졌다

청약할 집을 담보로 하여 받을 수 있는 최대 대출금과 신용대출(마이너스 통장 한도 포함)을 통해 받을 수 있는 최대 금액을 미리 알아놓는 게 좋다. 8.2대책으로 청약할 지역이나 분양가에 따라 LTV(주택담보대출비율)가 대체적으로 낮아졌다. 이에 대한 확인은 필수다.

대부분 총분양가는 계약금 10퍼센트, 중도금 60퍼센트, 잔금 30퍼센트로 나눠 내는데 과거 LTV 비율이 높을 때는 통상적으로 중도금 전액 또는 잔금의 일부까지 대출을 받아 해결할 수 있었다. 8.2대책으로 LTV 비율이 대폭 낮아져 투기과열지구 및 투기지구에서는 서민 실수요자라도 LTV 비율이 50퍼센트밖에 안 되고 그 외는 주택담보대출이 없으면 40퍼센트, 1건 이상 보유한 사람은 30퍼센트로 낮춰졌다.

2년~2년 6개월 사이에 대출가능금액과 추가 저축가능금액을 더해도 총분양가를 맞출 수 없으면 청약을 하면 절대 안 된다. '나중에 어떻게 되겠지'라는 마음으로 묻지마 청약을 하면 막대한 연체이자를 물거나 집을 뺏길 수도 있다.

보통 주택담보대출과 신용대출을 동시에 진행하면 따로따로 받을 때보다 한도가 적게 나올 수 있다. 먼저 신용대출을 받은 후에 주택담보대출을 진행해야 낭패를 당하지 않는다. 중도금 무이자와 중도금이자 후불제에 대해서도 사전에 미리 알아둘 필요가 있는데 중도금 무이자 조건은 중도금에 대한 이자가 없지만, 중도금이자 후불제는 잔금을 납입하는 시점에서 그동안 받은 중도금 대출에 대해 발생한 이자를 정산해서 포함한다.

c. 저축가능액

청약으로 주택을 매입하면 계약금 납부에서 잔금 납부까지 통상 2년~2년 6개월이 걸린다. 중도금 납부는 4개월 간격이나 6개월 간격으로 납부하므로 그동안 저축 가능한 금액을 계산해 중도금에 보탤지 아니면 잔금 납부할 때 보탤지 등 자금조달계획을 마련해놓아야 한다.

2) 입주자 모집공고

청약할 때 필요한 주요사항이 안내되어 있는 입주자 모집공고문은 보통 청약 신청일 전주에 공고되는데 내용이 많고 용어나 내용이 어렵다. 사전에 중요한 내용들은 미리 알아두는 게 청약 신청할 때 도움이 된다.

a. 입주자 모집공고일의 의미

입주자 모집공고일은 청약 자격조건의 기간, 나이, 지역우선 등의 청약 자격조건을 판단하는 기준일이 되므로 상당히 중요하다. 아파트투유 홈페이지에서 확인 가능하다.

b. 총분양가는 분양가에 부대비용까지 계산하라

분양가만 생각하고 청약을 넣으면 추가로 발생하는 비용 때문에 당황할 수 있다. 보통 분양가의 5퍼센트 내외로 옵션 선택 비용, 취득세, 중도금 대출이자가 발생한다. 먼저 옵션에는 대부분 선택하는 발코니 확장비용이 있다. 그 비용은 단지나 타입 등에 따라 달라진다. 비용은 대략 1,000~2,000만 원 정도로 생각하면 된다. 요즘 유행하는 옵션에는 시스템에어컨도 있다. 이 밖에 빌트인 냉장고, 전기오븐, 인덕션, 붙박이장과 같은 생활편의를 위한 것이 있고, 구조 변경이나 업그레이드에 대한 옵션이 있다. 어떤 옵션을 선택하느냐에 따라 비용이 달라진다.

입주하면 등기를 해야 하는데 이때 취득세를 납부한다. 유의해야 할 것은 발코니 확장비용이 과세표준에 포함된다는 사실이다. 취득세는 아파트 가격이나 전용면적의 크기에 따라 1.1~3.5퍼센트까지 달리 적용된다. 6억 원 이하이며 전용면적 85㎡ 이하는 최저 1.1퍼센트, 9억 원 초과이며 85㎡ 초과는 최대 3.5퍼센트의 취득세를 납부해야 한다.

중도금무이자 조건이 아닌 이상 중도금대출이자도 발생하는데 중도금대출이자를 매월 납부하는 것은 아니고 매월 계산해 놓았다가 중도금대출을 상환하고 잔금을 납부하면서 주택담보대출로 전환할 때 대출금에 그동안 발생한 이자를 더한다. 분양가 이외에도 추가로 발생하는 비용이 많다는 것을 확실하게 알고 청약해야 한다.

c. 면적에 대해 이해하기

아파트에 청약하거나 장차 청약을 염두에 두고 입주자 모집공고를 읽다 보면 여러 종류의 면적이 적혀 있는 것을 볼 수 있다. 청약 경험이 별로 없으면 면적에 대한 개념을 정확히 이해하지 못해 잘못 판단할 가능성이 있으므로 각각의 면적에 대한 정확한 개념부터 이해할 필요가 있다.

면적을 표시하는 단위는 '㎡(제곱미터)'와 '평'을 쓰는데 이 두 단위를 환산할 때 헷갈려 하는 사람이 적지 않다. 1㎡는 0.3025평이며, 1평은 3.3058㎡다. 국민주택의 기준이 되는 85㎡ 이하는 약 25.71평 이하로 환산되지만 옛날 30평형 아파트로 생각하면 된다.

a. 전용면적

세대 내부에 주거하기 위한 면적으로, 주거전용면적이라고도 한다.

b. 공용면적

세대별 주거공간과는 달리 전체 가구가 공동으로 사용하는 복도, 계단, 엘리베이터를 포함한 지상층에 있는 공용면적으로, 주거공용면적이라고도 한다. 그 밖의 공용면적도 있는데 주거공용면적을 제외한 지하층, 지하주차장, 관리사무소, 노인정 등의 공용면적을 말한다.

c. 공급면적

전용면적과 공용면적을 합한 면적이다. 공급면적은 주거전용면적과 주거공용면적으로 나눠서 공고한다. 2018년 12월 21일 공고한 위례지구 신혼희망타운 입주자 모집공고를 보면 A3-3b 블록의 046 0000A 주택형 46A 타입은 주거전용면적 $46.92m^2$와 주거공용면적 $21.6603m^2$를 합해 공급면적이 $68.5803m^2$가 된다. 이를 평형으로 환산하면 약 21평형이다.

d. 계약면적

공급면적과 그 밖의 공용면적을 합한 것이 계약면적이다. 분양자나 청약자 모두 계약면적 대신 주로 공급면적과 전용면적으로 소통하고 이해한다.

e. 서비스면적

서비스면적은 발코니 확장면적으로 이해하면 된다. 입주자 모집공고의 공급면적, 공용면적과 계약면적을 적시한 공급대상에는 표시되지 않는다. 서비스면적의 크기가 실사용 면적을 결정하기 때문에 서비스면적의 크기에 관심을 가져야 한다. 보통 서울에서 분양하는 85m^2 이하의 국민주택은 확장할 수 있는 발코니 면적을 더하면 109m^2 내외로 늘어나니 상당히 큰 면적이다.

3) 분양홍보관(견본주택)과 모델하우스 오픈

입주자 모집공고에 분양홍보관의 오픈 일정이 적시돼 있다. 보통 입주자 모집공고가 난 날 바로 오픈하는데 온라인에서 먼저 확인한 입주자 모집공고를 분양홍보관에서 종이안내문으로 받아 볼 수 있다. 분양홍보관을 방문할 사정이 안 되면 사이버 견본주택으로도 확인할 수 있다.

4) 청약접수

입주자 모집공고문에 청약접수 일정이 공지된다. 보통 특별공급, 1순위, 2순위 순으로 날짜를 달리 정해 접수한다. 요즘은 인터넷 청약이 원칙이지만 노약자, 장애인 등 인터넷 취약자에 한해 청약통장을 가입한 은행의 본점과 지점에서 청약이 가능하다.

국민은행 청약통장 가입자는 국민은행 사이트에서, 그 외 은행 청약통장 가입자는 금융결제원에서 운영하는 아파트투유 사이트에서 PC나 모바일로 청약할 수 있다.

5) 당첨자 발표

마찬가지로 입주자 모집공고문에 공지돼 있다. 청약한 사이트에서 직접 확인하거나 청약접수할 때 적어놓은 연락처로 문자 안내가 오기도 한다.

6) 계약

마찬가지로 입주자 모집공고문에 공지돼 있다. 정당계약(분양신청) 기간은 보통 당첨자 발표 후 보통 1주일 이후에 3일간 견본주택에서 진행한다. 당첨자는 구비서류를 가지고 계약서를 작성해야 하고 지정된 기한 내에 계약금을 납부해야 한다. 정당계약 기간 내에 계약하지 않을 경우 계약을 포기한 것으로 간주되므로 계약 의사가 있다면 차질 없이 잘 준비해야 한다.

당첨자로 선정되었다고 하더라도 청약 서류를 제출할 때 무주택기간이나 부양가족수를 잘못 기입했으면 부적격 처리가 돼 당첨이 취소된다. 그로부터 1년 동안 청약자격이 주어지지 않으니 청약 서류를 작성할 때 신중하게 잘 적어야 한다.

가점제의 이해

청약할 때 입주자를 선정하는 기준은 가점제와 추첨제가 있다. 가점제의 비중이 과거보다 높아졌으므로 청약에 성공하기 위해서는 가점제와 가점 계산에 대한 이해와 준비가 필수다.

가점 계산은 총 세 가지 항목으로 이루어지는데 만점은 84점이다. 무주택 기간과 부양가족수 그리고 청약저축 가입기간을 점수화해서 합산 점수로 계산한다. 가점제에 대한 이해를 돕기 위해 중요한 내용만 언급하며 아파트투유(www.apt2you.com) 홈페이지에 가면 청약가점 계산하기 시뮬레이션을 통해 쉽게 내 점수를 확인할 수 있다.

1) 무주택기간

평생 내 집이 없었어도 30세 이후의 기간으로 무주택기간을 산정한다. 무주택기간은 청약자와 배우자를 기준으로 정해진다. 무주택을 유지하면서 만 30세부터 청약할 시점까지 1년 단위로 점수를 매긴다. 1년 미만 2점에서 시작해 15년 이상 32점이다.

15년 이상이면 일괄적으로 최대 점수인 32점을 적용한다. 중간에 주택을 소유했다면 주택을 처분해 다시 무주택자가 된 날부터 무주택기간을 계산한다.

만 30세 이전에 결혼했다면 혼인신고일을 기점으로 기간을 계산한다. 만 30세 이전에 결혼했다면 그만큼 가산점을 받는 것과 다름없다. 청약신청 전에 국토교통부와 금융결제원에서 반드시 확인해 무주택기간을 잘못 계산해서 부적격 판정을 받지 않도록 주의해야 한다.

주택이 있더라도 입주자 모집공고일 기준 전용면적 60㎡ 이하 주택을 한 채만 소유하면서 공시지가로 수도권에 1억 3,000만 원 이하, 수도권 이외 지역에 8,000만 원 이하라면 무주택으로 간주한다. 이외에도 무주택으로 간주하는 기준들이 있으니 상황에 따라 자세한 내용은 국토교통부 사이트에서 확인해보자.

2) 부양가족수

부양가족수의 총점은 35점이다. 부양가족에 대해서는 경우의 수가 많으므로 자세히 확인해 부적격 판정을 받지 않도록 세심하게 주의를 기울여야 한다.

먼저 배우자는 세대 분리가 되어 있더라도 부양가족에 포함된다. 세대주 여부와 관계없이 남편이 청약하면 아내가, 아내가 청약하면 남편이 부양가족이 된다. 직계존속은 청약자의 부모나 조부모와 같은 위 방향의 친족이다. 직계존속이 부양가족으로 인정받으려면 청약신청자가 세대주여야 하고 같은 주민등록등본상에 3년 이상 등재돼 있어야 한다. 직계비속은 청약자의 자녀나 손자녀와 같은 아래 방향의 친족이다. 직계비속이 부양가족으로 인정받으려면 주민등록등본상에 만 30세 미만의 미혼자녀가 등재돼 있어야 한다.

검색 포털사이트에서 청약 관련 질문들을 살펴보면 부양가족의 기준에 대해 질문하는 사람들이 상당히 많다. 부양가족수 계산에 해당되는 가족 모두가 같은 주민등록등본상에 올라 있으면 계산이 수월하지만 그렇지 않으면 기준이 안 되는 가족을 더해서 부적격 판정을 받거나 제외해서 가점이 낮아질 수 있다. 반드시 청약신청 전에 금융결제원을 통해 정확한 내용을 확인해야 한다. 부양가족 1명당 가점이 5점 차이가 나기 때문에 청약의 성공과 실패를 크게 가르므로 각별히 유의해야 한다.

3) 청약통장 가입기간

오래 가입할수록 좋으며, 최대 15년 이상 가입한 경우 17점을 받는다.

청약가점 산정 기준표

가점항목	가점구분	점수	가점구분	점수
①무주택기간	30세 미만 미혼무주택자	0	8년 이상 ~ 9년 미만	18

(32점)

1년 미만(무주택자에 한함)	2	9년 이상 ~ 10년 미만	20
1년 이상 ~ 2년 미만	4	10년 이상 ~ 11년 미만	22
2년 이상 ~ 3년 미만	6	11년 이상 ~ 12년 미만	24
3년 이상 ~ 4년 미만	8	12년 이상 ~ 13년 미만	26
4년 이상 ~ 5년 미만	10	13년 이상 ~ 14년 미만	28
5년 이상 ~ 6년 미만	12	14년 이상 ~ 15년 미만	30
6년 이상 ~ 7년 미만	14	15년 이상	32
7년 이상 ~ 8년 미만	16	-	-

적용기준

[무주택 여부 판단기준]

- 입주자모집공고일 현재 청약통장 가입자의 주민등록등본에 등재된 가입자 및 세대원 전원이 무주택자여야 한다.
- 세대원 범위: 배우자(주민등록이 분리된 배우자 및 그 배우자와 동일한 세대를 이루고 있는 세대원 포함), 직계존속(배우자의 직계존속 포함), 직계비속
- 소형/저가주택[전용면적 $60m^2$ 이하로 주택공시가격 1.3억 원(비수도권은 8,000만 원) 이하인 주택] 1호(세대)를 보유한 자→ 당해 주택보유기간을 무주택기간으로 인정

[무주택기간 산정기준]

- 무주택기간은 청약통장 가입자 및 배우자를 대상으로 산정
- 무주택기간은 만30세를 기산점으로 하되, 30세 이전에 혼인한 경우 혼인신고한 날부터 기산
- 만30세 미만으로서 미혼인 무주택자의 가점점수는 '0'점임

	가점구분	점수	가점구분	점수
②부양가족수 (35점)	0명(가입자 본인)	5	4명	25
	1명	10	5명	30
	2명	15	6명 이상	35
	3명	20	-	-

적용기준

[부양가족의 범위]

- 입주자 모집공고일 현재 청약통장 가입자의 주민등록등본에 등재된 세대원
- 세대원 범위: 배우자(주민등록이 분리된 배우자 및 그 배우자와 동일한 세대를 이루고 있는 세대원 포함), 직계존속(배우자의 직계존속 포함), 직계비속(미혼인 자녀에 한함)

[부양가족의 인정기준]

- 직계존속을 부양하는 경우는 청약자가 세대주로서 3년 이상 계속해서 부양해야 인정
- 직계비속을 부양하는 경우 만30세 이상의 미혼자녀는 입주자모집공고일 기준으로 최근 1년 이상 계속해서 동일한 주민등록등본 상에 등재시에만 부양가족으로 인정
- 청약자의 손자, 손녀는 부양가족으로 인정하지 않으나 손자, 손녀의 부모가 사망한 경우에는 부양가족으로 인정

	가점구분	점수	가점구분	점수
③ 청약통장 가입기간 (17점)	6월 미만	1	8년 이상 ~ 9년 미만	10
	6월 이상 ~ 1년 미만	2	9년 이상 ~ 10년 미만	11
	1년 이상 ~ 2년 미만	3	10년 이상 ~ 11년 미만	12

2년 이상 ~ 3년 미만	4	11년 이상 ~ 12년 미만	13
3년 이상 ~ 4년 미만	5	12년 이상 ~ 13년 미만	14
4년 이상 ~ 5년 미만	6	13년 이상 ~ 14년 미만	15
5년 이상 ~ 6년 미만	7	14년 이상 ~ 15년 미만	16
6년 이상 ~ 7년 미만	8	15년 이상	17
7년 이상 ~ 8년 미만	9	-	-

적용기준

- 입주자모집공고일 현재 청약자의 청약통장 가입기간을 기준으로 하며, 청약통장 전환, 예치금액변경 및 명의변경을 한 경우에도 최초 가입일(순위기산 일)을 기준으로 가입기간을 산정한다.
- 실제 인터넷청약 시에는 은행에서 청약통장 가입기간 및 해당 점수를 자동 산정하여 부여한다.
- 가점제 계산시 성년에 이르기 전 가입한 기간이 2년을 초과한 경우 2년으로 인정

출처: 주택도시기금

청약, 함부로 넣지 말자

청약이 인기인 요즘, 한번 넣어볼까 하는 생각에 청약을 넣어봤다가 덜컥 당첨돼서 이러지도 저러지도 못하던 상담자가 있었다. 남들이 로또라는데 한번 해보지 하는 생각에 덜컥 신청했다가 당첨이 됐다는 것이다. 예전과는 달리 아파트투유 홈페이지에서

클릭 몇 번으로 청약 신청이 쉬워진 것도 한몫했다. 청약만큼 새 아파트를 가장 싼 가격에 살 수 있는 방법이 없다고는 하지만 요즘 분양가가 매우 높아져서 서울은 물론 서울에 인접한 주목할 만한 지역의 분양가가 5억 이하인 곳을 찾기 어려워졌다.

가점제로 청약을 넣어 당첨되는 사람은 사실 소득이 적은 사람이 유리하다. 소득이 적은 사람이 비싼 새집에 당첨될 확률이 높은 것이 청약의 아이러니다. 또 8.2 부동산대책 이후 대출도 예전만큼 넉넉하게 받을 수 없고, 강화된 전매제한 때문에 당첨된 후 되팔아 시세차익을 얻기도 쉽지 않아졌다.

한번 넣어볼까? 하는 생각에 덜컥 시도해봤다가 시간과 공을 들여 마련한 청약의 기회가 날아가버린다. 재당첨 제한 기한 후 다시 청약의 기회가 돌아온다지만 꼭 필요할 때 사용하지 못하게 된다.

또 만약 분양가가 5억 원이라도 대출금 포함 5억 원이 훨씬 넘는 돈을 마련해놓아야 입주할 때까지 고생하지 않는다. 만약 전세로 살고 있고 분양을 받은 경우 전세금이 있으니까 이걸로 중도금을 내면 되지 하고 쉽게 생각하는 경우가 있다. 그러나 투기과열지구라면 대출이 40퍼센트밖에 나오지 않는다. 대출이 줄어들어 당장 살고 있는 집을 빼서 중도금을 낼 수도 없고 곤란한 상황에 처하게 된다. 또 발코니확장, 도배, 시스템에어컨 등과 같은 옵션 비용은 물론 취득세, 복비, 이사비용, 입주청소 등의 자잘한 비용이 많이 들어간다. 분양가만 보고 두루뭉술하게 계산해 청약을 넣지 않길 바란다.

상담을 받았던 청약에 당첨된 상담자는 결국 청약을 포기했다. 최소 3억 원 이상의 대출을 받아야 했다. 30년 상환으로 대출도 가능했고 부부가 대기업 계열사에 다니고 있었지만 언제까지 회사를 다닐 수 있을지 모르겠다며 오를지 떨어질지 모르는 아파트에 평생 인생을 담보잡혀 살고 싶지 않다고 했다. 무리한 대출을 받는 대신 청약을 포기하기로 결심했다.

취업하자마자 만든 청약통장이라 아쉬웠지만 조만간 잘 준비해서 아내의 청약통장으로 기회를 노려보겠다고 했다. 나 역시 부부가 내린 결정이 잘한 결정이라고 생각한다. 부동산 전문가들은 분양물량이 몇 년 후 줄어들기 때문에 하루라도 빨리 청약으로 아파트를 구매하는 것이 유리하다고 재촉한다. 하지만 아파트는 계속 지어지고 있다. 내가 준비되지 않는 상황에서 청약을 넣었다가 당첨된다면 행복의 보금자리가 아닌 고통의 시작이 될 수도 있다.

4부

3인 가족의 노후준비

아이로부터 독립할 준비를 해야한다

요즘 상담을 받으러 오는 3인 가족은 예전과 달리 노후준비를 빨리 시작해야 한다는 생각을 많이 하는 편이다. 수명은 길어졌는데 열심히 사셨던 부모님이 노후준비가 잘 되지 않아 경제적 어려움을 겪는 모습을 보았기 때문이다. 이런 부모님을 모른 척할 수 없어 빠듯한 살림에 생활비를 지원하지만 자기 아이에게만큼은 대물림하고 싶어 하지 않는다.

부모님의 경우 노후준비를 안 하고 싶어서 안 한 게 아니다. 젊은 시절에는 주택 구입에 따른 대출상환이나 자녀교육 등 발등에 떨어진 불부터 끄다 보니 정신없이 은퇴 시기를 맞게 된 것이다. 부모님은 자녀에게 손 벌리지 않을 정도로 노후준비를 하고 싶었지만 그렇지 못한 사람이 생각보다 많고, 부모님이 연로하면 연로할수록 자녀들의 생활비 지원 부담이 크게 늘어난다.

그나마 3040세대는 형제가 몇 명 있으니 십시일반으로 모아 지원하여 부담을 조금 덜 수 있지만, 3인 가족의 경우 외동아이가 부모의 노후를 책임져야 한다면 부모와 자녀 모두 곤궁한 생활에 내몰릴 수 있다. 부모 둘이 아파서 병원에 입원해 있다면 홀로 있는 아이는 얼마나 괴로울 것인가. 은퇴해서 이런 난감한 상황에 빠지지 않으려면 아이가 어릴 때부터 준비를 시작해야 한다. 그리고 조금 더 현실적인 준비가 필요하다.

부부 건강, 관리하고 있습니까?

결혼도 늦어지고 출산하는 시기도 늦어지다 보니 아이가 대학에 다닐 때쯤이면 환갑을 맞게 되는 부모도 흔할 것이다. 예전에는 20대에 결혼하고 출산해서 젊은 체력으로 아이를 길렀다지만 지금은 30대 후반에 아이를 돌보자니 체력이 남아나지 않는다고 하소연이다.

아이의 삶에서 가장 필요한 것은 돈도, 넓은 아파트도, 월세 받는 건물도 아닌 부모의 존재다. 부모가 아프거나 부재한다면 혼자 남은 아이의 삶은 어떨지 상상하기도 싫을 것이다. 부모가 아무리 좋은 사교육을 시키고 명문대에 보낸다 해도 부모가 아프거나 잔병으로 힘들어한다면 아이의 삶도 힘들 것이다.

부모가 아프면 자녀가 간병해주는 것이 제일 편하겠지만 아이의 소중한 젊은 시절은 송두리채 날아간다. 일본에서는 노부모 간병으로 인해 결혼하지 못하고 미혼으로 늙어가는 자녀가 많다고 하지 않는가. 아이는 부모의 삶과 독립해 아이의 삶을 살아야 한다. 그래서 아이에게 사랑을 주고 교육을 시키는 만큼 부모도 건강관리를 철저하게 해야 한다. 나중에 외동아이가 아픈 부모 때문에 낮에는 학교를 밤에는 병원을 전전하거나 돈 때문에 괴로워하지 않도록 말이다.

부모가 주5일 숨가쁘게 일하고 아이를 보다보면 한 주가 어떻게 흘러가는지 모른다. 하지만 주말 이틀을 쉰다고 체력이 회복되는 것은 아니다. 운동으로 기초체력을 키워야 주5일간의 업무 또는 육아도 지치지 않고 할 수 있다.

내 주위에는 함께 운동을 하는 부부들이 꽤 있다. 정말 좋아 보인다. 지역 체육시설에 개설된 배드민턴이나 탁구, 볼링, 마라톤 등의 동호회에 가입해 주말마다 연습을 하고 시합에 나가기도 한다.

마라톤 대회에 나간 엄마아빠를 아들이 결승점에서 기다리며 플랜카드를 들고 응원했다고 자랑하기도 한다. 함께 운동하는 부부는 체력은 물론 금슬도 좋다. 부부 간에 대화가 많아지고 공통된 화제가 생겨 삶의 방향성이 일치하기 때문이다. 공휴일에는 온가족이 볼링장에 가거나 엄마가 아이에게 탁구를 가르쳐주기도 한다. 부부가 규칙적이고 건강한 삶을 사는 모습은 자녀의 성장에도 좋을 것이다. 집에는 활기가 넘치고 화목하다.

나뿐만 아니라 배우자를 위해서, 자녀를 위해서 부부가 함께 운동을 시작해보자. 부부 중 한 명이 해본 운동이나 꾸준하게 할 수 있는 것으로 선택해보자. 몇 주 하다가 흐지부지될 확률이 높으니 동호회나 지역체육모임에 가입해 꾸준히 나가고 지역 사람들도 사귀어보는 것도 좋다. 많은 곳에서 신입회원을 기다리고 있을 것이다.

나의 사랑하는 아이가 자녀를 낳아 손주를 보고, 손주 크는 모습을 보는 것이 어쩌면 부모 인생의 가장 큰 행복일지도 모른다. 보험이나 연금은 미래를 위한 대비책일 뿐, 노년에 행복을 가

져다주는 역할은 하지 못한다. 건강한 할머니 할아버지가 되어 어린이집 하원도 도와주고 어린이날과 크리스마스 때 선물을 준비하는, 노년의 큰 행복을 누리고 싶다면 지금부터 건강관리에 힘써보자.

3더 원칙 3대 연금

노후준비에는 '3더 원칙'이 있다. 더 긴 시간, 더 많은 금액, 더 높은 수익률이다. 시간을 놓치면 더 많은 금액을 불입해야 하고 더 높은 수익률을 올려야 하기 때문에 골든타임인 30대를 놓치면 노후준비가 부실해질 수밖에 없다. 30대, 늦어도 40대에 노후를 준비하지 못하면 쓸 돈이 더 많아지는 시기에는 아예 불가능할 수 있다. 늦어도 30~40대에 적은 돈이라도 개인연금에 가입해 노후준비를 시작해야 한다.

3인 가족의 노후준비는 공적연금, 퇴직연금, 개인연금 이 세 가지를 주축으로 설계해야 한다. 세 가지 연금 중 한두 가지만으로는 많이 부족하다.

공적연금인 국민연금은 앞으로 많이 내고 덜 받고 늦게 받게 될 것이다. 적게 내면서 많이 받을 수 있는 마법은 없다.

요즘 이직이 잦다 보니 퇴직금이나 퇴직연금도 많이 받는다. 퇴사할 때 IRP 계좌를 개설해 퇴직금을 받는데 이 돈을 여행이나 자동차 구입 등으로 쓰는 경우를 많이 봐왔다. 이직하며 들어오는 퇴직금도 중간에 다른 용도로 사용하지 말고 노후자금으로 이름표를 붙여 묶어둬야 한다.

개인연금은 많이 내야 많이 받을 수 있는데 현실적으로 노후준비를 위해 지금 당장 많이 내기가 어렵다. 공적연금, 퇴직연금, 개인연금을 각각 1/3씩 준비한다고 가정하고 노후준비 계획을 수립하는 게 적절하다. 국민연금이나 퇴직연금은 급여에서 일정 부분 따로 떼어 적립되므로 매달 내는 금액을 직접 통제할 수 없다. 여기서는 직접 통제가 가능한 개인연금을 다루겠다.

3인 가족은 노후준비를 위해 얼마나 저축해야 할까? 어떤 금융상품을 선택하는 게 현명할까? 개인연금을 선택할 때의 기준과 활용방법은 무엇일까? 차근차근 알아보자.

노후에는 매달 얼마가 필요할까?

내담자들과 노후준비에 대해 이야기를 나눌 때 늘 하는 질문이 있다.

"은퇴 시점에 다른 사람에게 도움을 받지 않고 생활하려면 한 달에 얼마가 필요할까? 넉넉하지는 않지만 아껴서 생활하면 유지 가능한 최소 생활비가 현재 가치로 어느 정도일까?"

이런 질문을 받으면 너무 많은 금액을 말하는 사람이 있고 너무 적게 답하는 사람도 있다. 이 숫자부터 현실적으로 정할 필요가 있다.

60세에 현재 가치 월 50만 원을 더 받으려면 노후준비를 위해 지금 약 50만 원을 추가로 적립해야 한다. 절대 만만치 않은 금액이다. 따라서 최소한의 기준을 정해 준비 가능한 현실적인 목표를 세워야 한다.

3인 가족은 자녀가 부부의 은퇴 시점에 독립한다고 가정하고 현재 가치 월 200만 원을 최소한의 목표로 세우면 된다. 공적연금과 퇴직연금에서 각각 1/3씩 준비된다고 가정하고 나머지 1/3인 약 70만 원을 개인연금으로 준비한다는 목표를 잡으면 실현 가능하다. 공무원 직군은 퇴직금이 없는 대신 공무원연금을 국민연금보다 상대적으로 많이 받으므로 개인연금 준비금액은 비슷한 기준으로 생각하면 된다.

반면에 퇴직연금이 없는 자영업이나 프리랜서 직군은 2/3를 개인연금으로 준비해야 한다. 현실적으로 최소한의 기준을 맞추기도 어렵다. 다른 재무목표를 준비하는 데 차질이 없다면 다다

익선이다. 이때부터는 준비된 노후생활비가 많으면 많을수록 노후생활이 여유롭고 풍족해진다. 개인연금을 어떻게 설계할 것인지는 뒤에 나오는 '나이 들어 아이에게 짐 되지 않는 연금생활법' 장에서 확인하자.

얼마나 모아둬야 할까?

우선 재무목표에서 중요한 것과 긴급한 것을 나눠보자. 대출금 상환은 중요하지는 않지만 긴급하다. 만일 제때 대출금을 상환하지 못하면 고리의 연체이자를 물거나 신용등급이 나빠지므로 상환 일정에 맞춰 대출금을 상환해야 한다.

노후준비는 중요하나 긴급하지는 않다. 아직 많은 시간이 남아 있어 보이기 때문에 눈앞에 닥친 긴급한 것들을 처리하다 보면 우선순위가 뒤로 밀려나버린다. 앞에서 '3더 원칙'에 대해 이야기했다. 준비할 시간이 길면 노후준비 금액을 모으는 데 부담이 적지만 시간이 짧아지면 더 많은 금액을 적립하거나 더 높은 수익률을 올려야 한다. 더 높은 수익률을 올리기가 어렵다는 것을 감안하면 시간을 버는 방법이 최선이다.

지금부터라도 노후준비를 시작하는 게 제일 현명하다. 3인 가족의 재무상황은 모두 다르다. 노후준비를 위해 투입할 수 있는 금액도 천차만별이라 얼마가 적당하다고 단정 짓기는 어렵지만 지금 소득의 10퍼센트를 노후준비 금액으로 준비하면 좋다. 공적연금과 퇴직연금에 가입돼 있다는 것을 전제한 수치이기 때문에 두 개의 연금이 없다면 더 많은 비율을 적립해나가야 한다. 지금 형편이 어렵더라도 최소금액으로라도 노후준비를 시작해야 노후에 대한 긴장감을 놓치지 않을 수 있다. 가능하면 바로 시작하자. 연금에 관한 내용은 다음 장의 보험 설명 후 자세히 이어가겠다.

3인 가족의 현명한 보험 가입 전략

20년 넘게 상담을 하면서 내린 결론은, 보장성 보험은 계륵 같은 존재라는 것이다. 가족 중에 누군가 사고를 당하거나 치료비가 많이 드는 심각한 질병에 걸렸을 때 보험은 반드시 도움이 되지만 필요 이상으로 많은 보험료를 낸다는 문제가 있어서다.

사람들은 대부분 필요에 의해 보험에 가입하지만 정확한 내용은 잘 알지 못하고 보험료로 쓸데없이 많은 돈을 낭비하기도 한다. 나이 지긋한 어른들과 상담하면 보험증권을 가득 들고 오신다. 대부분 지인들의 부탁으로 가입한 보험인데 본인도 어떤 보장을 받는 것인지 모르는 경우가 많다. 보험을 어떻게 정리해야 할지, 보험료는 어떻게 아낄 수 있는지 모르는 경우가 태반이다. 하나만 가입해도 받는 금액은 똑같은데 여러 개 가입해서 매달 보험금을 몇 배 내는 경우도 자주 본다.

가입한 보험 내용을 모르다 보니 꼭 필요한 보장항목만 가입하면 될 보험을 중복 가입하거나 쓸데없는 특약으로 가득 채워 돈을 낭비하기도 한다. 여러 개의 보험을 가입해 많은 돈을 보험료로 지불하지만 막상 필요한 보장은 챙기지 못하는 경우도 비일비재하다.

'혹시 모를' 만일의 경우를 대비하기 위해 매월 40~50만 원을 보험료로 내면서도 '반드시' 닥쳐올 것으로 예상되는 미래의 일을 위해서는 10~20만 원밖에 저축하지 않는 아이러니도 발생한다. 이런 상황을 내담자에게 진단해주면 열이면 열 모두 자신이 잘못하고 있는 것 같다고 말한다. 상담을 받기 전에도 뭔가 문제가 있다고 생각했지만 이렇게 구체적으로 따져보니 확실히 문제가 있음을 깨닫는 것이다.

그럼에도 대부분의 3인 가족은 보험이 반드시 필요하다. 계륵 같은 보험을 꼭 필요한 보험만으로 설계하려면 다음의 다섯 가지 사항을 꼭 숙지하자. 그런 후에 부족한 보장항목을 새로 보완하거나 이미 가입한 보험을 꼼꼼히 살펴보자. 문제가 있다면 지금 당장 수정하는 것이 쓸모없는 보험으로 돈을 낭비하지 않는 유일한 방법이다.

첫째, 잘 가입한 보험은 해약하지 않는다

해약하는 순간 보장은 종료된다. 더 이상 보장 받을 필요가 없다면 몰라도 잘 가입한 보험은 해약하지 않는 것이 좋다. 보험에 가입할 때 해약환급금에 연연하지 말아야 하는 이유다.

어차피 해약하지 않을 보험은 해약환급금이 의미가 없고, 해약환급금을 많이 받으려고 애쓰면 애쓸수록 매달 내는 보험료는 비싸진다. 설사 20~30년 후에 해지하더라도 물가상승에 따른 화폐가치 하락 때문에 가입할 때 보여주는 해지환급금은 큰 가치가 없다.

그래서 보험은 저비용·고효율로 가입해야 한다. 저비용이란 1~2만 원대를 의미하는 것이 아니다. 꼭 필요한 보장을 받기 위해 지불하는 적절한 보험료를 의미한다. 적절한 보험료의 예시는 다음 장인 '아빠 보험, 엄마 보험, 아이 보험'에 나오는 내용을 참고하면 된다. 예시보다 훨씬 많은 보험료를 내고 있다면 리모델링을 고려해보자.

둘째, 고액의 보험금을 받을 확률은 생각보다 적다

다른 보장항목에 비해 상대적으로 높은 보험금이 나오는 것은 사망과 암, 뇌졸중처럼 치료비가 많이 드는 질병이다. 우리나라 성인 3명 중 1명은 암에 걸린다는 뉴스를 보면 암 발생률이 상당히 높은 것 같지만 이는 암 환자가 사망할 때까지의 수치다.

실제로 60세 전에 사망하거나 암, 뇌졸중에 걸릴 확률은 10명 중 1~2명 정도다. 대부분은 그 나이까지 건강하게 산다. 따라서 고액의 보험금을 받을 확률은 생각보다 적다. 보험에 가입하는 이유는 혹시 운 나쁜 한두 명에 해당될까 봐서다.

특히 젊을 때 암에 걸리면 암세포도 활동성이 강해 수술이나 항암치료를 적극적으로 해야 하지만 70대, 80대에는 암세포도 활동성이 약해 적극적인 암 치료가 오히려 사망의 원인이 되기도 한다. 실제로 나의 장인어른은 80대 초반에 림프종이라는 혈액암에 걸렸는데 암으로 돌아가신 게 아니라 항암치료를 받다가 다른 합병증으로 돌아가셨다. 즉 고령이 되면 암을 적극적으로 치료하기보다는 최소한의 치료를 받으면서 몸 안에 품고 사는 게 삶의 질을 높이는 방법일 수 있다. 정리하자면, 보험은 나에게 맞는 것을 적절한 수준에서 가입하되 동시에 건강관리를 잘 하고 몸에 좋은 것을 섭취하는 것이 낫다. 보험료를 낮추고 그 돈으로 운동을 하는 것이 모든 면에서 훨씬 좋다.

한 가지 더 유의할 점이 있다. 지금은 많아 보이는 보장금액도 물가상승에 따른 화폐가치 하락 때문에 60세 이후에는 큰 금액이 아닐 수 있다는 사실이다. 미래에 일어날지도 모르는 위험에 대비하려고 지금 많은 보험료를 내기보다 그 보험료로 저축이나 투자를 해서 자산을 모은 뒤, 은퇴 시점에 현재 가치로 3,000만 원 정도를 의료비 용도로 떼어 놓는 게 바람직하다. 60세 이후에 발생하는 치료비가 기존에 가입한 보험으로 충당이 안 되면 부족한 만큼을 의료비 계좌에서 빼내어 사용하면 된다. 만일 그때까지 건강하고 그 이후로도 오랫동안 건강할 것으로 예상된다면 그 돈을 노후생활비로 전용해도 된다.

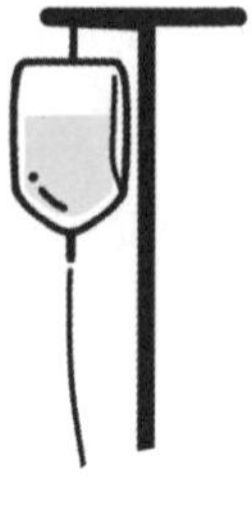

셋째, 종신보험보다 정기보험을

병원에서 치료 받을 때 일정 부분의 자기부담금만 지불하면 치료비의 대부분을 보장받을 수 있는 실손의료비보장은 이제 필수가 됐다. 다른 어떤 보험보다 앞서 실손의료비보장에 가입하는 것이 좋다. 가입만 되어 있으면 치료비가 없어 치료받지 못할 위험은 피할 수 있다.

그 다음으로 꼭 필요한 보장항목은, 암이나 뇌졸중 같은 성인병에 대한 보장이다. 질병에 걸리면 고액의 치료비와 그 외의 부대비용이 든다. 대부분의 치료비는 실손의료비로 해결되지만 중대한 질병에 걸리면 휴직을 하거나 직장을 그만두는 경우가 많아 소득이 끊겨버린다. 또한 질병을 이겨내는 데 좋다는 것을 이것저것 구입하다 보면 비용이 추가로 발생할 수 있다. 집중적인 치료가 끝날 때까지는 어느 정도 목돈이 필요하므로 이에 대한 대비가 필수다.

과거 실손의료비가 없을 때 중대한 질병에 걸리면 진단금만으로 고액의 치료비와 부대비용을 모두 해결해야 했기에 비싸게 가입해야 했다. 지금은 실손의료비로 치료비의 대부분이 해결되므로 적당한 금액의 진단금을 정해 가입하면 된다. 이 시점에서 다시 한번 확률에 주목해야 한다.

3인 가족은 어린 자녀가 독립할 때까지 경제적 가장의 사망보장이 반드시 필요하다. 자녀가 독립하지 않은 시점에 경제적 가장이 사망하면 심각한 어려움이 따르므로 이에 대해 대비하는 것이다. 경제적 가장의 사망에 대비할 목적으로 보험료가 비싼 종신보험을 선택할 필요는 없다. 종신보험은 어떤 원인으로 언제 사망하든 무조건 보험금을 지급하지만 주계약이 비싸다(중간에 해약했을 때 돌려받는 해약환급금은 대부분 주계약 가입금액에 의해 결정된다).

우선 사망보장이 언제까지 필요할지 잘 생각해보자. 특별한 경우가 아니면 어린 자녀가 독립할 때까지만 사망보장을 받으면 된다.

35세 남성 기준으로 1억 원의 사망 보험금을 보장받고자 20년을 불입하는 종신보험에 가입할 경우 매달 20만 원 넘게 보험료를 불입해야 한다. 대신 60세까지 보장받을 수 있는 정기보험으로 동일한 보장금액을 준비한다면 매달 3만 원 정도만 불입하면 충분하다. 같은 금액의 사망보장을 받는데 차액이 17만 원이나 된다. 사망보장에 대해 종신보험이 아니라 정기보험을 선택하는 게 유리한 이유다. 종신보험을 드는 대신 정기보험을 들었을 때 발생하는 차액은 미래를 위해 저축하면 좋을 것이다.

앞에서도 강조했지만 잘 가입한 보험은 해약하지 않도록 한다.

그렇기 때문에 해약환급금은 의미가 별로 없다. 사망보장이 더 이상 필요 없어 해지하려 한다면 암이나 기타 보장항목의 보장도 중단될 수 있기 때문에 신중해야 한다. 그 외에 상해나 후유장해, 배상책임 같이 꼭 필요한 보장항목은 추가하면 된다.

넷째, 가능한 비갱신으로 가입하라

보험료는 갱신기간을 정해놓고 갱신할 때마다 보험료를 다시 산정해 보험료가 변동되는 '갱신형'과 처음에 정한 보험료가 납입기간 동안 변동되지 않는 '비갱신형'이 있다. 보험가입자 입장에서는, 보험회사의 상품 규정에 따라 반드시 '갱신형'으로 가입해야 하는 것을 제외하고 나머지는 보험료가 변동되지 않는 '비갱신형'으로 가입하는 게 유리하다. 갱신형 보험은 보험료 상승의 위험을 보험가입자가 부담하지만 비갱신형 보험은 그 위험을 보험회사가 부담하기 때문이다.

갱신할 때 보험료가 변동되는 주요인은 나이와 손해율이다. 보험은 나이가 많을수록 비싸다. 나이 조건으로는 일정 기간이 지나 갱신할 때마다 보험료가 점점 비싸진다. 손해율은 보험회사가 받은 보험료와 실제로 지급한 보험금의 비율이다. 갱신기간

동안 보험회사가 보험금으로 100원이 지급될 것으로 예상하고 보험료를 정했는데 보험금으로 120원이 지급되면 손해율이 올라간다. 그러면 갱신할 때 보험료가 따라서 올라간다. 100원 미만으로 보험금이 지급됐다면 손해율이 낮아져 갱신할 때 보험료가 동결되거나 낮아진다.

실손의료비보험이 출시된 이후로 손해율이 100퍼센트 미만으로 내려간 적이 없다. 현재까지는 갱신 시점마다 보험료가 올라가거나 보험료를 올리지 않기 위해 보장조건을 이전보다 불리하게 바꿨다.

암이나 뇌졸중, 심근경색과 같은 성인병을 보장하는 항목과 수술비, 입원일당 등의 항목은 가입자가 갱신형으로 할 것인지 비갱신형으로 할 것인지 선택할 수 있다. 보험회사에 따라서는 아예 비갱신형을 선택할 수 없게 하고 갱신할 때 보험료 상승 위험이 큰 보장항목들에 대해 갱신형으로 가입해야만 하는 상품도 있다.

갱신형은 80세나 100세까지 약정한 기간 동안 계속 갱신 여부를 선택해야 하는데 가입할 때는 보험료가 낮더라도 갱신할 때마다 보험료가 올라간다. 일정 나이 이상 되면 보험료가 급격하게 올라가 가입자의 부담이 커진다. 때로는 부담이 너무 커 갱신을 못할 수도 있다. 게다가 은퇴 이전에는 보험료가 부담스러워도 근로 수입이 있으니 그나마 낼 수 있지만 은퇴 이후에는 충분하지 않은 연금소득에 의존하기 때문에 보험료를 납입하지 못할 확률이 커진다.

젊을 때 상대적으로 저렴한 보험료로 보험에 가입해 은퇴 이전에 납입을 완료하는 게 최선이다. 실손의료비보험은 완납 시점이 따로 없이 보장을 받고 싶을 때까지 갱신되는 보험료를 납입해야 한다. 은퇴 이후에는 갱신되는 실손의료비보험료가 부담돼 더 이상 보험을 유지하지 못할 가능성이 있다는 점을 반드시 기억하자.

다섯째, 안 내고 안 받는 것도 방법

병이 생기거나 사고로 병원에 입원하면 입원 하루당 일정액을 지급하는 보장항목이 '상해·질병 입원일당'이다. 상해·질병으로 입원해 하루에 2만 원(일당은 정하기 나름이다)의 입원일당을 받으려면 매달 보험료로 15,000원을(나이에 따라 다르다) 납입해야 한다고 가정해보자. 1년 동안 내야 하는 보험료를 모두 더하면 18만 원이다. 질병이든 상해든 매년 9일을 입원해야 납입한 보험료만큼 보험금으로 받을 수 있다.

보통 매년 9일씩 입원하지 않는다. 실손의료비가 없다면 모를까 실손의료비가 있는 상황에서는 입원일당에 대한 비용과 편익을 고려해본 후에 가입을 결정하는 게 현명하다. 내담자들에게 보통 이렇게 설명하면 대부분 안 내고 안 받는 것을 선택한다.

보험의 보장항목 중에는 이렇게 반드시 비용과 편익을 따져야 할 항목들이 많다. 내담자들에게 차 구입을 예로 들어 설명하면 쉽게 이해한다. 자동차 매장에 아반떼 사러 갔다가 옵션을 하나 둘씩 붙이다 보면 소나타와 가격이 비슷해져 결국 매장을 나올 때는 소나타에 서명하고 나오는 것과 같은 이치다. 보험도 보장항목 하나하나를 꼼꼼히 따져 필요 없는 것은 처음부터 가입하지 않도록 하자.

위의 내용을 숙지했다면 다음 장에서 가구 구성원의 보험을 구성할 때 주의해야 할 점을 살펴보자.

아빠 보험,
엄마 보험,
아이 보험

경제적 가장의 보험은 정기보험으로

대체로 아빠가 경제적 가장인 경우가 많다. 부부 중 경제적 가장은 아이가 독립할 때까지의 사망보장이 중요하다. 사망보장은 보험료가 비싼 종신보험보다 아이가 독립할 때까지만 보장받을 수 있는 정기보험으로 준비하자. 여기에 더해 실손의료비보험은 필수로 가입하고 암이나 뇌졸중 같은 성인병, 상해, 배상책임 등 가족력이 있거나 꼭 필요한 보장항목만 선택해서 가입하면 된다.

35세 가장을 기준으로 각각의 보험료를 다 더해 월 12~13만 원 정도면 적절하다. 사망과 암, 뇌졸중 같은 성인병 진단금이 혼합된 상품은 추천하지 않는다. 사망보장은 아이가 독립하면 더 이상 필수품이 아니지만 암이나 성인병 진단금은 80세를 넘어서 100세까지 계속 필요하다.

배우자의 보험은 실손보험을 중심으로

경제적 가장의 배우자, 대체로 엄마의 사망보장은 아무래도 경제적 가장의 사망보장보다 중요성이 덜하다. 보통 보험에는 의무가입해야 하는 보장내역이 있는데 대부분 사망보장이 의무가입으로 구성된다. 기본으로만 설정하고 부족하다고 생각하면 조금 더하면 된다.

엄마도 실손의료비보험은 필수로 가입하고 암이나 뇌졸중 같은 성인병, 상해, 배상책임 등 가족력이 있는 병이나 꼭 필요한 보장항목만 선택해서 가입하면 된다. 만일 엄마가 경제적 가장이라면 아빠와 마찬가지로 정기보험을 이용한다. 경제적 가장이

아닌 35세 배우자를 기준으로 할 때 보험료는 월 7~8만 원 정도가 적당하다.

아이 보험은 30세 만기가 적당

요즘에는 아이를 임신하면 태아보험을 필수로 가입한다. 가입할 때 만기를 30세로 할지 100세로 할지 고민이 된다. 아이는 만기 설정이 중요하다. 2018년 4월 이전까지는 보험회사가 실손의료비와 다른 보장항목을 혼합한 상품을 주로 판매해 아이 보험을 100세 만기로 가입하면서 7~10만 원이나 되는 비싼 보험료를 납입하는 사람들이 많았다.

이제는 실손의료비가 100세까지 계속 갱신이 가능해져 부모들이 우려했던, 30세가 되어 보험이 만기된 후 아이가 새로 가입하게 될 때 기존 병력으로 인해 보험에 가입되지 않는 문제가 해소됐다. 이제 다른 보장항목을 30세까지만 보장받는 조건으로 가입하면 보험료를 많이 낮출 수 있다.

아이가 독립할 때까지만 부모가 보험료를 납입해주고 만기가 되면 성인이 된 아이가 자신에게 맞는 보험을 스스로 판단해서 가입하게 하자. 5년 후도 예측하기 힘들 정도로 변화가 극심한 세상에서 30년 이후를 걱정해 지금부터 비싼 보험료를 낼 필요는 없다.

실손의료비와 그 밖에 꼭 필요한 보장을 위해 월 4만 원 정도에서 시작하면 적절하다. 보장항목은 부모 보험을 기준으로 하되 아이에게 빈번히 발생하는 위험을 보장해주는 보장항목을 추가하면 된다.

위와 같은 기준에서 3인 가족의 보장성 보험이 잘 구성되었는지 살펴보자. 잘 구성되어 있다면 꾸준히 유지하면 되고 그렇지 않다면 내용을 꼼꼼히 따져 리모델링 해야 한다. 상담을 하다 보면 실손의료비 말고는 만일의 사고를 당하거나 질병에 걸렸을 때 자신이 어떤 보장을 받을 수 있는지조차 모르는 사람들이 대부분이다. 이번 기회에 가입한 보험을 제대로 따져보고 보험으로 새는 돈을 막아보자. 보험으로 새는 돈이 있는지 단번에 파악할 수 있는 방법은 3인 가족의 보험료가 월 25만 원을 넘는지 그렇지 않은지를 살펴보면 된다. 월 25만 원 이상이라면 보험료로 돈이 새고 있을 가능성이 크므로 점검해봐야 한다.

보험회사에 휘둘리지 않는 보험가입 8원칙

오랫동안 개인재무설계 상담을 해오면서 잘못 가입한 보험 때문에 소중한 돈을 낭비하는 경우를 수없이 봐왔다. 보험은 다른 금융상품에 비해 용어나 내용이 어렵기 때문에 잘 가입한 것인지 아닌지 일반 가입자들이 판단하기란 매우 어렵다.

보장을 과도하게 설계해 필요 이상으로 보험료를 많이 내고 있는 사람도 있었고, 보험을 가입했지만 막상 사고가 나거나 질병에 걸렸을 때 보상을 제대로 받지 못하는 사람도 많았다.

내담자들과 상담하면서 보험에 대해서는 딱 세 가지를 강조한다. 첫째, 사망하거나 암 같은 큰 병에 걸릴 확률을 감안할 것, 둘째, 꼭 필요한 핵심 보장 위주로 보험을 설계할 것, 마지막으로 저비용·고효율을 강조한다. 저비용이라고 해서 1~2만 원 정도의 저렴한 보험료를 이야기하는 것이 아니다. 꼭 필요한 보장을 받기 위한 최적의 보험료를 정하라는 이야기다.

보험 특약에는 옥석을 잘 가려야 하는 항목들이 많다. 보험으로 소중한 돈을 낭비하지 않으려면 가입할 때 올바른 기준을 가지고 모든 보장항목을 꼼꼼히 따져봐야 한다. 이미 여러 개의 보험에 가입했다면 내가 가입한 보험이 올바른 기준에 부합하는지 체크해보고 그렇지 않다면 리모델링을 하여 보험료로 새는 돈을 막아야 한다.

보험에 가입할 때 어떤 점을 유의해야 할지 자세히 알아보자.

1. 보험회사 좋은 일 시키지 말고 내 돈은 내가 굴리자

꼭 필요한 보험에 최소비용으로 가입하고 나머지 여윳돈은 저축이나 투자를 해서 돈을 모으는 게 낫다. 현재 월 보험료로 20만 원을 내고 있다고 가정해보자. 이 보험을 꼭 필요한 보장만 남기고 대신 보험료를 10만 원으로 줄일 수 있다면 어떤 효과가 있을까? 보험의 납입기간이 20년이라면 '줄인 보험료 10만 원×12개월×20년'으로 총 2,400만 원을 아낄 수 있다. 꼭 필요한 보장은 보장대로 받으면서 2,400만 원을 모을 수 있는 것이다. 적금이나 적립식 펀드를 이용하면 모을 수 있는 금액은 더 커진다. 보험에 가입하지 않거나 부실하게 가입하는 것도 문제지만 과하게 가입해 쓸데없이 돈을 낭비하는 것은 더 큰 문제다.

2. 보험 해약환급금에 집착하지 말자

해약환급금이 있는 보험은 비싸다. 잘 가입한 보험은 어차피 만기 전에 해약할 일이 없다. 중간에 해약하면 보장도 더 이상 받을 수 없으니 해약하면 안 된다.

해약환급금을 많이 받으려면 보험료를 비싸게 만드는 주계약 보장금액을 쓸데없이 크게 잡거나 불필요하게 납기를 짧게 해서 보험료를 많이 내면 된다. 종신보험을 비롯한 대부분의 보험은 가입자가 사망하면 사망보험금만 지급하면 모든 것이 끝난다. 만기가 있는 보험은 만기 때 원금을 받을 수 있더라도 물가상승에 따른 화폐가치 하락으로 그 가치가 많이 떨어진다. 해약하려고 보험에 가입하는 것이 아니라 만일의 사고를 대비하기 위해 가입하는 것이니 가입한 보험 안에 쌓여 있는 돈에 큰 의미를 두지 말자.

3. 물가상승에 따른 보험금 가치 하락을 미리 걱정할 필요는 없다

30세 여성이 암에 걸렸을 때 3,000만 원을 보장받을 수 있는 암보험에 가입했다고 해보자. 물가상승률을 연평균 3퍼센트라고 하면 24년 후인 54세 때는 3,000만 원의 가치가 1,500만 원으로 줄어든다. 다시 24년이 지난 78세에는 그 가치가 750만 원으로 떨어진다.

이처럼 시간이 경과할수록 물가는 상승하고 화폐가치가 하락하면서 보험금의 가치 또한 점점 작아진다. 그렇다고 먼 훗날의 실질적인 보험금을 많이 받기 위해 지금을 희생해가며 더 많은 보험료를 지불하는 것은 옳지 않다. 불확실한 미래의 위험을 대비하기보다 자녀교육비, 노후 등 반드시 발생하는 사건을 준비해야 하기 때문이다.

여기서는 비용과 편익이 중요한 포인트다. 암이 흔한 시대라고 하지만 65세 이전에 누구나 암에 걸리는 것은 아니다. 차라리 보험료를 더 많이 내기보다 저축이나 투자를 통해 인플레이션으로 줄어드는 보험금의 가치를 보전하는 것이 더 현명하다. 꼭 필요한 보험은 가입하되 보험료는 가능한 적게 내고 미래를 위해 보험이 아닌 저축이나 투자로 목돈을 모아 대비하자.

4. 80세 만기를 100세 만기로 바꿀 필요는 없다

100세 시대라고 사방팔방에서 말하지만 지금 태어나거나 유치원에 다니는 아이들을 제외하고는 실질적으로 100세까지 사는 사람은 드물 것이다. 100세 시대라는 용어는 판매자가 마케팅을 위해 만든 용어라고 생각한다.

몇 년 전만 해도 보험은 80세 만기상품이 주를 이뤘다(종신보험이라도 사망보장만 종신이지 부가되는 특약은 80세 만기가 일반적이다). 100세 만기상품이 출시되면서 80세 만기보험 상품을 100세 만기로 갈아타라는 보험설계사들이 많았다. 보험 가입자들도 듣고 보니 그래야 할 것 같아 기존 80세 만기보험을 해약하고 100세 만기보험으로 갈아탔다.

앞에서 언급했듯이 인플레이션에 따른 화폐가치 하락을 감안하면 80세에 받는 보험금이나 100세에 받는 보험금은 대세에 큰

지장이 없는 푼돈에 불과하다. 게다가 여태까지 보험료를 내던 시간은 다 날아가고 다시 20년을 새로 내야 한다(80세 만기나 100세 만기 모두 20년납을 선택한다고 가정할 때). 처음 가입할 때보다 갈아탈 때 나이가 많아져 같은 보장이라도 보험료가 비싸지기 때문이다. 보험에 새로 가입하는 사람은 혹시 모르니 100세 만기상품에 가입하는 게 낫겠지만 기존 80세 만기 가입자는 100세 만기상품으로 갈아탈 필요가 없다.

5. 해약하지 않아도 보험료 줄일 수 있다

보통 형편이 어려워지면 지출 중에 제일 먼저 보험료를 줄인다. 돈이 아깝다고, 그동안 아무 일 없었다고 보험 먼저 해약하는 것이다. 하지만 무작정 보험을 해약하면 안 된다. 보험이라도 있어야 만일의 위험이 생겨도 최악의 상황을 면할 수 있다. 부채가 많거나 형편이 어려운 사람이 보험마저 없으면 아프거나 다쳤을 때 돈이 없어 치료를 못 받거나 치료비를 대느라 가뜩이나 어려운 살림이 더 궁핍해질 수 있다. 보험을 해약하는 순간 무방비 상태가 되어버린다.

지금 사정이 어렵다면 쓸데없는 보험 먼저 정리하자. 그래도 부담이 되면 꼭 필요한 보장항목만 남기고 뺄 수 있는 기준선(보험회사마다 제한 조건이 있다) 내에서 부분 해약하라.

그것마저 어려워 다 해약해야 한다면 실제 치료비는 보상받을 수 있는 '단독 실손의료비보험'만이라도 가입해야 한다. 실손의료비보험만 가입해도 질병이나 상해로 입원할 때 10퍼센트(최대 200만 원)의 자기부담금을 제하고 5,000만 원까지(최대 4,800만 원) 입원비와 치료비를 보장받을 수 있다. 단독 실손의료비보험은 국가에서 보험사에 의무적으로 운영하도록 강제하고 있어 대부분의 보험사에서 가입이 가능하다.

통원할 때는 병원등급에 따라 정해진 자기부담금을 제하고(개인의원 1만 원, 중형병원 15,000원, 대학병원 2만 원, 약값 8,000원) 30만 원까지 통원비와 약값을 보상받을 수 있다. 단독실손보험은 보험회사마다 차이가 있지만 만 30세 여성은 월 보험료가 11,450원, 30세 남성은 월 9,910원 정도만 부담하면 된다.

6. 나이 들면 갱신보험을 유지하지 못할 수 있다

30세 여성은 단독 실손의료비보험에 가입할 때 월 보험료가 11,450원 정도다. 앞에서 설명했듯이 실손의료비는 갱신할 때마다 보험가입자의 나이와 손해율에 따라 보험료가 변동된다.

현재 보험료 기준 50세 여성은 월 보험료가 29,080원, 60세 여성은 39,350원 정도다. 갱신 시점마다 보험료가 올라간다고 해도 비갱신 보험료의 불입이 완료되어 갱신 보험료만 불입하면 되기 때문에 60세까지는 현재 보험료 기준으로 그나마 보험료를 낼 수 있다. 하지만 70세나 100세까지 계속 갱신될 때는 보험료를 내기 어려울 수도 있다. 70세, 80세, 100세까지 계속 갱신되는 보험료가 너무 비싸 보험료를 내기가 어려울 정도라면 비용과 편익을 고려해 갱신 여부를 결정해야 할 수도 있다. 보험 하나 가입해놓고 평생 안전하다고 생각하는 것은 금물이다.

반복해서 강조하지만 차라리 갱신을 안 하고 보험료를 따로 모으는 게 더 유리한 경우도 있다. 이런 위험을 대비해 은퇴 시기에 접어들 때 자산 중에 일부를 떼어 의료비 통장을 별도로 만들어놓는 것이 좋다. 대략 60세 기준으로 3,000만 원(현재 가치) 정도를 준비해놓으면 돈이 없어 치료를 받지 못하는 일은 생기지 않을 것이다. 걱정만큼 보험료가 오르지 않는다면 보험은 유지하고 이 돈은 노후자금으로 사용하자.

7. 보장기간이 너무 짧은 것은 리모델링하자

내담자들의 보험증권을 살피다 보면 암 보험이나 성인병 보험이 나이와 관계없이 10년 만기 10년납 또는 20년 만기 20년납 조건으로 가입돼 있는 것을 종종 보게 된다. 이런 조건으로 보험에 가입했다면 만기 후에 문제가 생긴다.

20년 만기상품은 20년 뒤에 보장이 끝나는데 보장을 계속 받으려면 새로 보험에 가입해야 한다. 그때는 나이가 많아 같은 보장을 받는 조건이라도 보험료를 비싸게 내야 한다. 더 큰 문제는 건강에 이상이 있었거나 현재 질병이 있다면 보험 가입이 안 되거나 나쁜 조건으로 가입해야 할지도 모른다는 것이다.

사망보장보험과는 달리 암이나 성인병 같은 질병보장보험은 나이가 많을수록 발병 확률이 높아지니 한 살이라도 적을 때 미리 가입해야 한다. 지금 당장 보험증권을 확인해보고 보장기간이 너무 짧다면 오늘이라도 잘못된 것을 바로잡자.

8. 보험은 한두 개면 충분하다

보험은 여러 개 가입하면 그 자체가 낭비다. 가입한 보험마다 사업비가 포함되어 있기 때문이다. 또한 여러 개를 가입하다 보면 어떤 보장항목은 보험마다 들어 있어 쓸데없이 보험료를 이중, 삼중으로 내기도 한다. 보험료를 아끼려고 보장을 너무 약하게 구성하는 것도 위험하지만 쓸데없이 과하게 구성해 보험료를 많이 내는 것도 낭비다.

경제적 가장을 제외한 가족 구성원 대부분은 실손의료비보장을 주축으로 암이나 성인병, 상해 등 필수 보장항목만 잘 구성해 한 개만 제대로 가입해도 충분하다.

보험특약마다 비용 대비 편익을 고려해 효과가 떨어지는 보장항목은 과감하게 제거해야 한다. 각각의 보장항목들을 보험료가 싸다고 별로 필요치도 않은데 설계사가 제안한 대로 가입하거나 별도로 추가하다 보면 내야 할 보험료가 계속 늘어난다. 가족의 보험료를 다 더하면 그 차이가 꽤 커진다.

자녀가 있는 가장이라면 자녀가 독립할 때까지 가장만 불의의 사망에 대비해 상대적으로 저렴한 정기보험을 추가로 가입하면 된다. 3인 가족 기준으로 가족의 월 보험료 합계가 25만 원을 넘으면 문제가 있다고 생각한다. 가입한 보험이 목적에 맞게 효과적으로 설계되어 있는지 꼼꼼히 잘 살펴봐야 한다. 문제를 발견하면 리모델링해서 가능한 최저 금액으로 보험료를 줄이자.

노년에
아이에게 부담주지 않는
연금생활법

개인연금은 크게 두 가지로 나눌 수 있다. 연말정산을 통해 세액공제를 받는 대신 중간에 해지하면 세액공제 받은 것을 토해내고 연금으로 받을 때 연금소득세를 내야 하는 적격연금상품과, 세액공제는 못 받지만 10년이 지나면 비과세 혜택을 받을 수 있고 연금 받을 때 연금소득세를 내지 않아도 되는 비적격연금상품이다.

적격상품인 연금저축은 다시 적립, 투자하는 방법에 따라 연금저축보험, 연금저축펀드, 연금저축신탁(신탁은 가입자가 적으므로 여기서는 다루지 않겠다)으로 나뉜다. 비적격상품도 마찬가지로 공시이율(정기예금이율 정도로 이해하면 된다)로 적립되는 일반연금과 펀드에 투자하는 변액연금으로 구분된다.

기본적으로 펀드는 초기 사업비가 적은 데 비해 보험상품은 초기 사업비가 높다. 연금으로 지급받을 때 신탁이나 펀드는 종신연금형이 없이 10년, 15년, 20년 등 기간을 정해 나누어 받는다. 연금저축보험이나 비적격 개인연금보험은 연금을 받을 때 자유롭게 기간을 정해놓고 받을 수 있고 사망할 때까지 받을 수 있는 종신연금형 선택도 가능하다.

개인연금 가입할 때 고려할 점

개인연금에 가입할 때는 내가 매달 얼마를 버는지를 가장 먼저 고려해야 한다. 수입에 따라 세액공제 연금상품이 유리할 수도 있고 비적격연금상품이 유리할 수도 있다.

소득이 많지 않아 연말정산을 통해 납부해야 할 세금이 없거

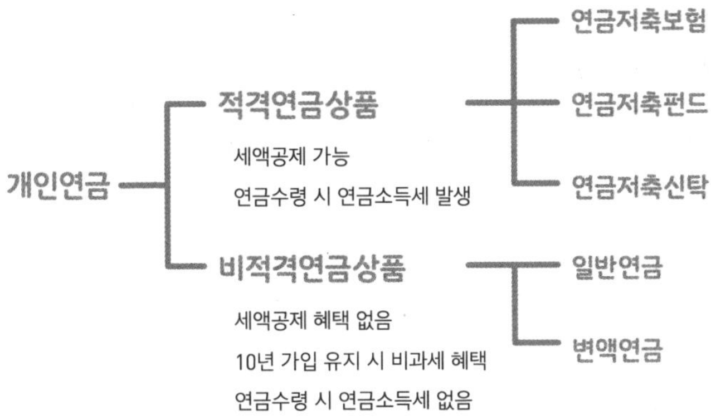

개인연금의 종류

나 적으면 10년 유지 시 비과세 혜택을 받고 연금 받을 때 연금소득세를 내지 않는 비적격연금상품이 유리하다.

수입이 많아 결정세액이 많을 경우에는 세액공제 효과가 중요하다. 우선적으로 연금저축을 가입하는 게 낫다. 연봉 5,500만 원을 기준으로 그 이하 근로자는 연간 불입한도액 400만 원의 16.5퍼센트인 66만 원을, 초과자는 13.2퍼센트인 52만 8,000원을 납입할 세금에서 빼준다.

소득이 없는 전업주부 등은 세액공제 혜택을 받지 못하므로 연금저축보다는 비적격연금상품에 가입하는 게 낫다.

절세도 좋지만 유동성이 더 중요

연금저축과 IRP(개인형 퇴직연금)를 합해 연간 700만 원 한도까지 세액공제를 받을 수 있다. 세액공제에 관심이 많은 사람들은 연간 700만 원을 가득 채우기도 하는데 30대는 꽉 채우기보다는 유동성을 먼저 생각해 적절한 금액을 불입해야 한다.

당장 눈앞에 준비해야 할 재무목표가 많기 때문에 목돈이 필요할 때가 종종 생기는데 이 상품들은 연금으로 받지 않고 중도에 해지하면 16.5퍼센트의 기타소득세를 내야 한다. 세액공제 받은 것을 다 토해내야 하는 페널티가 큰 상품이다. 처음에는 매월 불입할 수 있는 범위를 정해서 적절한 금액을 불입하다가 소득이 올라갈 때마다 보험은 추가 납입하고, 펀드는 불입금액을 늘리면 된다.

보험은
고수익 상품이
아니다

보험설계사에게 연금상품은 비과세 혜택이 있고 복리 효과로 수익률이 높으니 안심하고 가입하라는 권유를 많이 받는다. 그 설명에 혹해 가입한 사람들도 꽤 있다. 가입한 사람들에게는 미안한 이야기지만 공시이율연금이나 변액연금을 비롯한 모든 보험상품은 절대 수익률이 높지 않다.

회사나 상품마다 사업비 구조가 다르지만 다른 비용을 감안하지 않더라도 매달 내는 보험료에서 기본적으로 사업비라는 명목으로 12~15퍼센트를 제하고 적립되거나 펀드에 투자된다. 매월 10만 원을 불입하는 조건으로 가입했다면 10만 원 중에 88,000~85,000원만 적립된다. 대략 7~8년은 경과해야 납입보험료 누적액과 적립액이 같아진다. 이런 구조의 상품이 수익률이 높으면 얼마나 높겠는가? 그렇게 높지 않다.

대신 보험상품에는 장점 아닌 장점인 강제저축 기능이 있다. 어차피 연금을 비롯한 저축성보험은 15년 이상의 장기목표를 달성하기 위해 가입하는 상품이다. 푼돈으로 목돈을 만들 수 있는 상품인 것이다. 매월 10만 원씩 10년을 불입하면 10년 후에 1,200만 원+α의 목돈이 만들어지고 매월 20만 원을 10년 동안 불입하면 2,400만 원+α의 목돈이 만들어진다.

살다 보면 급하게 돈이 필요할 때가 있다. 급전이 필요할 때 적금이나 예금을 중도에 해지하면 약속한 이자는 받을 수 없어도 원금은 받을 수 있다. 그런데 보험은 가입한 지 7~8년이 지나지 않은 상태에서 긴급한 상황이 생겨 해지하려 하면 원금조차 받지 못한다. 만약 가입 5년 후 갑자기 급한 사정이 생겨 해약하려 할 때 원금의 80퍼센트밖에 받을 수 없다는 안내를 받는다면 여러분은 어떻게 하겠는가? 이때 대부분의 사람들은 원금손실을 극도로 싫어하기 때문에 피치 못할 상황이 아니라면 대부분 보험을 해지하지 않고 다른 경로를 통해 돈을 마련한다.

이때부터 가입한 상품이 마음에 들지 않더라도 원금에 도달할 때까지는 비자발적인 장기투자가 돼 계속 보험료를 불입한다. 그러다 보면 원금을 초과하게 되고 이때부터는 이자나 수익을 체감할 수 있기 때문에 긴급한 상황이 아니라면 계속 유지한다. 그러면 원래의 목적대로 연금으로 사용할 수 있게 된다.

추가납입 기능을 활용해 수익률을 높여라

지금은 추가납입제도가 가입자들에게 많이 알려졌지만 예전에는 보험설계사들이 가입자에게 추가납입의 이점을 굳이 설명하지 않았다. 수당에 전혀 반영되지 않기 때문이다. 가입자가 추가납입을 하는 것보다 가입할 때 월 보험료를 1만 원이라도 더 높게 계약하는 것이 설계사에게 유리했기 때문이다.

거꾸로 말하면 가입자는 계약할 때 많이 불입하는 조건으로 계약하기보다는 기본 보험료를 적당하게 설정하고 추가납입 제도를 적절히 활용하는 게 유리하다. 기본 보험료로 매월 내는 보험료의 사업비가 12~15퍼센트 정도라면 추가납입 보험료에 대한 사업비는 0~2.5퍼센트다. 기본보험료의 2배까지는 추가납입이 가능하다. 그럴 경우 30만 원을 한 번에 불입할 때보다 사업비를 반으로 낮출 수 있다.

기본보험료로 매달 10만 원을 내는 조건으로 계약하면 기본보험료의 2배인 월 20만 원까지 추가납입할 수 있다. 추가납입은 계약시점부터 시작해도 되고, 여력이 없다면 보험납입기간 내에 때때로 목돈으로 가능한 금액만큼만 추가납입해도 된다. 결론적으로 변액연금에 가입할 때 노후를 위해 준비할 수 있는 여력이 월 30만 원이라면 기본보험료로 10만 원을 내는 계약을 하고 20만 원은 추가납입을 하는 게 가입자에게 무조건 유리하다. 낮은 수익률을 조금이라도 높일 수 있는 방법이다.

수익률이냐 안정성이냐

앞에서도 언급했지만 연금보험상품은 사업비를 뗀다. 사업비만 비교하면, 매달 내는 보험료의 7~9퍼센트를(회사마다 차이가 있음) 사업비로 제하고 적립하는 연금저축보험보다 불입금액의 1.5퍼센트 내외를 제하고 적립되는 연금저축펀드가 월등히 유리하다. 하지만 사람마다 투자성향이 다르고 두 상품의 연금 지급방식에 차이가 있기 때문에 자신에게 맞는 상품을 선택해야 한다.

상담할 때 어떤 내담자에게 연금저축펀드를 권한 적이 있다. 그러나 내담자는 납입이 완료된 시점에서 원금 손실이 나는 것을 몹시 싫어했기 때문에 연금저축보험을 선택했다.

원금손실을 극도로 싫어한다면 연금저축펀드보다는 연금저축보험에 가입해도 된다. 사망할 때까지 연금을 지급받고 싶다면 연금저축보험만이 답이다. 반면에 위험을 무릅쓰고서라도 적극적으로 투자해 세액공제와 함께 높은 수익률을 올리고 싶다면 연금저축펀드에 가입하는 게 낫다.

연금저축펀드에도 상대적으로 안전한 채권형이나 혼합형 펀드 상품이 있다. 또한 적절한 기간 동안 적립한 뒤 펀드를 이동하거나 안전상품으로 전환하는 방법도 있다.

여성은 납입의 유연성이 있는 연금저축펀드에 가입할 것을 추천한다. 출산으로 휴직하거나 퇴직하면 소득이 적거나 없어져 세액공제를 누릴 수 없는 데 비해 가계소득은 줄기 때문에 납입을 중단했다가 다시 이어갈 수 있는 연금저축펀드가 납입의 유연성 측면에서 장점이다.

10년이 지나면 비과세 혜택을 받을 수 있는 연금은?

비적격연금에는 정기예금 이율과 같이 금리에 연동해 연금액을 결정하는 공시이율연금과, 펀드에 투자해 펀드 수익률에 따라 연금액이 결정되는 변액연금이 있다. 비적격연금은 적격연금인 연금저축상품처럼 세액공제 혜택이 없는 대신 10년이 지나면 비과세 혜택이 생긴다.

연금저축상품은 연금을 받을 때 연금 지급연령에 따라 3.3~5.5퍼센트의 연금소득세를 내야 한다. 반면에 비적격연금은 연금소득세를 내지 않는다. 연금저축은 55세 이전에 해지하면 기타소득세 16.5퍼센트가 적용돼 세액공제 받은 것을 토해내야 한다.

비적격연금은 10년 이내에 해지하면 이자소득에 대해 15.4퍼센트의 이자소득세를 제한다. 10년이 지나면 이자소득세가 없이 비과세다. 연금저축이 55세부터 연금을 받을 수 있는 반면 비적격연금은 45세부터 연금으로 받을 수 있다. 그럴 경우 연금 지급시기인 40세까지 보험료를 완납하고 5년의 거치기간을 확보해야 한다.

공시이율연금은 화폐가치 하락에 취약하다

변동금리를 적용하는 공시이율연금은 원금손실의 위험이 없는 대신 물가상승에 따른 화폐가치 하락분을 반영하지 못한다. 따라서 매달 돈을 입금할 때는 가치가 큰돈이지만 받을 때는 가치가 떨어진 돈을 받게 된다. 다시 말해 물가상승률이 연평균 3퍼센트라고 가정하면 매달 내는 10만 원의 가치가 연금을 받는 20~30년 뒤에는 대략 5만 원의 가치를 지닌다는 이야기다. 연금 받는 기간이 늦어질수록 화폐가치는 점점 더 떨어진다. 물가상승률보다 높은 금리로 운용돼야 화폐가치를 반영해 실질적인 연금을 받을 수 있는데 현실은 적용금리보다 물가상승률이 높으므로 공시이율연금은 화폐가치 하락에 취약하다.

화폐가치와 상관 없이 실제 액면으로 표시된 금액으로 따지면 정기적으로 공시이율을 결정해 그 금리를 적용하기 때문에 원금 이상의 적립액이 쌓인다. 원금손실을 극도로 싫어하는 사람에게는 하나의 선택지가 될 수 있다.

종신형연금을 선택하면 사망할 때까지 연금을 받는다. 결혼한 부부는 연금 지급시기에 부부형을 선택하면 부부가 모두 사망할 때까지 계속 연금을 받는다. 연금 지급시점의 건강 상태나 재정적인 여건에 따라 연금 지급방법을 다양하게 선택할 수 있다.

투자수익률에 따라 연금액이 달라지는 변액연금

펀드에 투자하는 변액연금이 출시된 이유는 2000년대 들어 저금리가 고착화됐기 때문이다. 위에서 설명한 것처럼 공시이율로는 물가상승에 따른 화폐가치 하락을 이겨낼 수 없고 지금처럼 낮은 금리로는 연금준비금을 늘리는 데 한계가 있다. 변액연금은 펀드에 투자해서 물가상승률 이상의 수익률을 올려 화폐가치 하락을 방어하고 연금준비금을 최대한 많이 늘리려는 목적으로 탄생한 연금상품이다.

변액연금은 노후를 대비하는 연금상품이기 때문에 안정성도 중요하다. 노후에는 투자수익률보다 그때까지 적립한 연금준비금을 잃지 않는 안정성이 더 중요하다. 전체 금액의 50퍼센트는 상대적으로 안전한 채권에 투자하도록 법으로 정해져 있다. 나머지 50퍼센트는 가입자의 투자성향에 따라 주식형이나 혼합형으로 투자할 수 있다. 국내주식에만 투자해도 되고 미국이나 중국과 같은 해외주식에 분산해서 투자할 수도 있다. 초기에 출시된 상품은 연금 지급시기 전까지는 매월 불입금과 특별계정에서 불입금을 운용하여 쌓이는 적립금을 펀드에 투자한다. 연금지급이 결정된 후에는 연금준비금을 일반계정으로 이동해 공시이율로 안정적으로 운용한다.

요즘 출시되는 상품은 불입이 끝나고 연금이 개시된 연금준비금에 대해 공시이율로 불리거나 아니면 펀드에 계속 투자할 수 있는 옵션을 부여한다. 연금준비금에 대한 투자를 선택하면 원금손실의 위험이 있다. 그 위험을 감수하고 투자에 성공해 더 많은 연금을 받기 원하는 가입자만 연금준비금을 계속 투자할 수 있는 옵션을 선택하면 된다.

변액연금은 적절한 시기마다 펀드를 변경하는 것이 중요하다. 불행하게도 대부분의 가입자는 금융지식이 부족해 적절한 시점에 펀드 변경을 하기가 어렵다. 자신이 어떤 스타일의 펀드에 투자하는지조차 잘 모르는 사람들도 꽤 많다. 펀드 변경을 안 하거나 잘못할 경우 공시이율 연금만도 못한 결과가 나올 수 있다.

변액연금 가입자는 자신이 선택한 펀드에 대해 잘 알고 변화하는 금융환경에 맞춰 적절하게 펀드 변경을 해야 원하는 결과를 얻을 수 있다. 스스로 공부해도 내용을 잘 모르겠다면 믿을 수 있는 전문가의 조언을 받아보자. 연금 지급방법은 공시이율 연금과 마찬가지로 종신형, 부부형 등 다양한 연금 지급방법의 선택이 가능하다.

에필로그

지금은 힘들어도 눈물겹도록 그리운 시간이 될 오늘

벚꽃이 피기 시작하는 4월 초 10여 년 전 받은 재무설계를 시작으로 지금까지 인연을 맺어온 오랜 고객이자 딸을 두고 있는 부부와 상담을 진행했습니다. 부부는 그때나 지금이나 여전히 맞벌이였고 성인이 된 딸과 함께 나왔습니다. 성인이 된 딸도 가족의 재무가 궁금하다며 부모님과 한자리를 차지하고 있었습니다. 초등학생 때 처음 봤는데 그새 훌쩍 자라 어엿한 숙녀가 되어 있어 감개가 무량했습니다. 14년 전 아이를 잘 키우기 위해 고민하던 부부에게 대학학자금을 설계해서 준비할 수 있도록 도와드렸는데 그때 준비한 학자금으로 곧 대학교를 졸업한다는 이야기를 직접 들으니 기쁘기도 하고 신기하기도 했습니다.

그 시절 부부는 맞벌이하랴 아이 챙기랴 정신이 없었고 저를 만나기 전까지 돈에 대해 약간 무심하셨던 기억이 납니다. 그냥 열심히 사시는 것만으로도 만족했던 부부였습니다. 그 당시만 해도 한국 사회가 그랬습니다. 겉으로는 돈에 대해 세밀하게 신경쓰는 것이 괜시리 불편해하시던 부부 모습이 기억이 납니다. 흔히 볼 수 있는 풍경이었습니다. 당시 전혀 관리가 안 되고 있던 재무상태를 점검해서 부부와 함께 3인 가족의 목표를 세웠습니다. 그리고 당시 잘 못하고 있는 것을 수정하고 불필요한 것은 없애고 필요한 것은 새로 채우는 대수술을 해서 실행하도록 했습니다.

그 사이 부부는 집도 사셨고 집을 사면서 받은 주택담보대출금도 대부분 갚았습니다. 앞에서 말한 것처럼 딸의 학자금도 상담을 받은 무렵부터 차근차근 잘 준비했고 그 돈으로 학자금 대출 없이 학업도 마칠 수 있었습니다. 이제 많은 것을 해결했고 은퇴 후 계획과 딸의 결혼자금 준비만 신경을 쓰시면 됩니다, 수고 많으셨다고 하니 제 덕분이었다고 감사하다는 말을 여러 번 하셨습니다.

어제까지 돈 관리를 잘못하고 있었더라도 무엇을 시작하기에 제일 빠른 시점이 오늘입니다. 잘못한 것을 바로 잡아 오늘부터 시작하면 세월이 해결해준다는 것을 어제 상담에서 다시 한번 확인할 수 있었습니다. 이 이야기를 이 책의 독자이신 3인 가족의 부모에게도 꼭 전해드리고 싶어 내용을 적어봤습니다.

이 가족을 만난 날 공교롭게도 상담을 마치고 집에 가서 주말 드라마를 시청하면서 저녁을 먹었습니다. 맞벌이 3인 가족의 어린 손녀를 안쓰러운 마음에 친정 엄마가 돌봐줬는데 아이가 크게 다쳤습니다. 근처에 살고 있는 시어머니는 옆에서 비아냥거리고 있고 친정엄마는 손녀가 다쳐 어쩔 줄을 모르고 있는데 딸은 이런 상황에서 얄미운 시어머니에게 할 원망을 친정엄마에게 퍼부었습니다.

딸도 그 순간을 지나고 나니 엄마에게 죄송스러워 사과를 하러 갔는데 엄마가 잘 받아주지 않자 울면서 다음과 같이 하소연합니다.

"나는 엄마한테 다빈이 맡기면서 마음이 편했는 줄 알아요? 동생들 눈치 보이지, 정서방 눈치 보이지, 내가 엄마 눈치는 안 보는 것 같아? 은행일 더 남았어도 엄마가 힘들까봐 주위사람들한테 아쉬운 소리 해가면서 퇴근한 게 한두 번이 아니야. 전화해서 엄마 목소리가 이상하면 가슴이 철렁 내려앉아. 엄마가 다빈이 때문에 힘든가, 엄마가 기분이 나쁜가, 엄마가 화가 났는지, 내 머릿속에 하루 종일 엄마 생각밖에 없어."

이 대사에 제가 남자라고 누르고 눌렀던 눈물이 확 터졌습니다. 한동안 대사가 이어졌는데 기억이 나지 않습니다. 아마 이 대사를 쓴 작가가 맞벌이를 하면서 어린 아이를 키우면서 느꼈던 감정을 그대로 옮긴 게 아닌가 생각합니다. 그 시절을 한참 지난 남성이 공감하면서 눈물을 흘렸을 정도니 아이를 키우는 이 책의 독자 분들도 이 드라마의 이 장면을 시청했다면 감정이입이 돼 폭풍 공감을 하면서 많이 울었을 것 같습니다.

그만큼 3인 가족의 부모 특히 엄마의 삶은 힘겹습니다. 이 책을 읽고 계신 분들은 3인 가족이 될 결심을 했거나 3인 가족이거나 이제 4인 가족을 준비하는 분들이 대다수일 겁니다. '피하지 못하면 즐기라'는 격언도 절대 3인 가족의 부모 특히 엄마들에게는 공감이 되지 않을 겁니다.

저는 이렇게 말씀드리고 싶습니다. 3인 가족을 선택했다면 누구나 지나가야 하는 길이자 시간입니다. 미리 닥쳐올 위험을 알고 방법을 찾아 대비책을 만들어 놓으시기 바랍니다. 이 책이 도움이 되길 바랍니다. 오늘부터 시작하면 시간이 지날수록 조금씩 수월해지리라 믿습니다. 어제 상담한 부부의 딸이 어느덧 성장해 가족의 재무상태나 미래 계획에 관심을 가지고 함께 하듯이 독자분들께도 그 순간이 반드시 오리라 확신합니다. 잘 준비해서 그 시간을 행복한 시간으로 만드시길 바랍니다. 늘 건강하시고 힘내시라고 응원드리겠습니다.

3인 가족 재테크 수업

지은이 이천
초판 1쇄 발행 2019년 5월 2일

펴낸이 이한나
디자인 민혜원
교정교열 윤지영

펴낸곳 세이지(世利知)
등록 2016년 5월 16일 2016-000022호
주소 경기도 군포시 용호2로 54번길 11
대표전화 070-8115-3208
팩스 0303-3442-3208
메일 booksage@naver.com
ISBN 979-11-89797-02-7 03320

이 도서의 국립중앙도서관
출판예정도서목록(CIP)은 서지정보유통지원시스템
홈페이지(http://seoji.nl.go.kr)와
국가자료공동목록시스템(http://www.nl.go.kr/
kolisnet)에서 이용하실 수 있습니다.
(CIP제어번호: CIP2019014202)

책값은 뒤표지에 있습니다.

잘못된 책은 구입한 곳에서 바꾸어 드립니다.

재무설계
상담 쿠폰

| 저자 직접 상담 |

3인 가족의 행복한 미래설계를 위해

저자와 함께 자산과 금융상품을 점검하고

부부가 함께 재무상태표, 현금흐름표를 작성해

새는 돈은 막고 자산을 늘려보세요.

신청방법

1. 희망재무설계 홈페이지(www.hee-mang.com) 또는 전화(02-3789-2720)를 통해 재무상담을 예약합니다. (서울 사무실 방문이 가능한 분들만 상담이 가능합니다.)
2. 저자와 상담 일정을 잡습니다.
3. 재무 상담 시 본 쿠폰을 제시하면 무료로 재무 상담을 받을 수 있습니다.

이름 ______________________

나이 ______________________

연락처 ______________________

내 통장 사용설명서

통장 7개로 시작하는

세상에서 제일 쉬운 재테크

지은이 이천 | 분야 경제경영 · 재테크 | 값 14,000원

"어렵고 복잡한 재테크, 통장으로 시작하면 쉽습니다"

목적에 맞게 돈이 차오르는 대한민국 필수 통장 완벽 활용법
자산의 뼈대를 세우는 월급통장, 예금·적금 통장부터 집을 마련하고 노후를 준비하고 위험을 대비하는 청약, 보험, 연금까지, 상품의 기본 지식부터 일반인들은 모르는 전략적 활용법을 담은 재테크를 시작하는 사람을 위한 눈높이 맞춤 지도서.

탐나는 프리미엄 마케팅

비싸고 더 잘 팔리는 브랜드의 경험 설계 전략

지은이 최연미 | 분야 경제경영 · 재테크 | 값 14,500원

"우리가 마케팅하면 시장 규칙이 바뀐다, 돈을 쏟아붓지 않아도"

세계 도처에서 고객들을 줄세우는 정교한 프리미엄 마케팅 전략
기존에 없던 방식으로 새로운 시장을 발빠르게 개척하는 글로벌 브랜드의 마케팅 설계도를 한국에 쉐이크쉑을 성공적으로 론칭시킨 저자가 그간 경험하고 교류한 수많은 프리미엄 브랜드의 성공 공통분모를 찾아 이 책에서 풀어낸다.

잡지의 사생활

미감과 호기심, 대화와 물건으로 이루어진 매체를 서울에서 만드는 일에 대하여

지은이 박찬용 | 분야 에세이 | 값 14,000원

"책보다 빠르고 신문보다 깊은 매체를 만드는 창의적 노동에 관하여"

1억 4천만 원짜리 손목시계부터 벼룩시장에 나온 밥그릇까지, 욕망을 자극하는 화보부터 속 깊은 인터뷰, 차가운 칼럼까지, 월간 〈에스콰이어〉 피처 에디터였고 현재 매거진 〈B〉 에디터 박찬용이 잡지를 만든 경험과 고민, 매체 안팎에 얽힌 궁금증, 잡지 에디터의 삶에 대해 이야기한다.

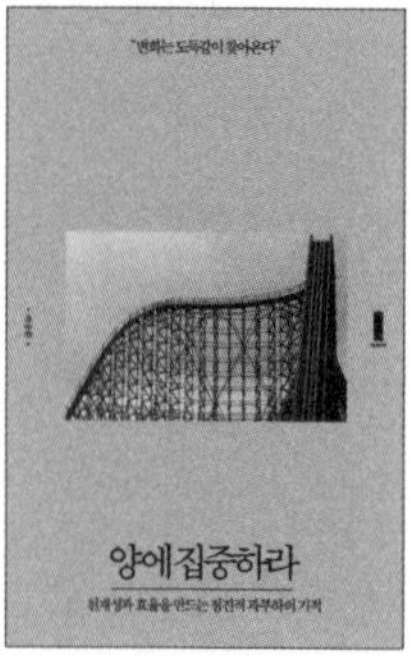

양에 집중하라

천재성과 효율을 만드는 점진적 과부하의 기적

지은이 박용환 | 분야 인문 | 값 14,000원

"양量의 누적으로 세상을 바꾼 점진적 과부하의 파괴력을 밝히다"

효율·비효율의 좁은 시야에서 벗어나 역사적, 사회적 패러다임시프트를 일으킨 '평범한 사람들'의 생을 조명하고, 실패자 또는 퇴물에서 천재가 된 이들의 숨은 과정을 통해 효율성만 추구하는 현 세태에 우직한 한 걸음이 세상을 바꾼 방법론을 밝힌다.

생활의 미학

비우며 발견하는 행복, 나와 친해지는 시간

지은이 고명한 | 분야 에세이 | 값 13,500원

“삶의 본질은 밖이 아닌, 단순하고 반복적인 일상 안에서 찾는 것입니다”
네이버 블로거 ‘본질찾기’가 전하는 비움의 철학과 생활의 노하우

과감히 비우는 것과 살림 이야기로 유명한 네이버 블로거인 저자는 비우는 삶을 실천하는 방법과 나를 찾아가는 여정을 1년 동안의 사진과 글을 통해 전한다. 갖추지 않고도 풍요로운 삶을 살 수 있는 방법을 제안하고, 덜어냄으로써 다 갖추게 된 소박한 일상 속으로 우리를 초대한다.

어느날 중년이라는 청구서가 날아왔다

나를 흔드는 세상, 자존을 지키며 사는 법

지은이 고명한 | 분야 에세이 | 값 13,000원

“우리는 조연이 되어가는 걸까”

파티의 주인공으로 살아온 것도 아닌데 내가 나서서 치우고 해결해야 할 일들이 가득하다. 대학에서 심리학을 가르치는 저자가 중년에 경험한 상실과 변이의 과정을 털어놓고 극복해낸 삶의 과정과 자신의 생활 철학을 전한다.